바람 속에서

신현자 제3시집

오늘의문학사

바람 속에서

| 시인의 辯 |

　부끄럽게도 두 번째 시집이 발간된 지 5년이 넘은 것 같다. 그사이 작품 활동을 멈춘 것도 아닌데 참으로 복잡한 많은 일들이 핑계인 양 시인에게 집중되어 일어나 작품을 묶어낼 심신의 여유를 갖지 못했다.

　계획했던 오랜 학업도 마무리했고 나머지 삶을 어떤 모습으로 무엇을 하며 살아야 하는가 하는 고심과 방황이 제일 크다. 이제 방황의 가닥이 대강 잡혀가고 심리적으로도 안정돼 가는 듯해 이제서야 미뤄둔 작품들을 묶어 제3 시집을 펴내게 되었다.

　이런저런 복잡한 삶의 사유들에 흔들리다 보니 쌓인 작품들이 그대로 사장될 것 같고, 시인으로서 게으름이 석화될 것 같은 두려움이 커져, 마음을 비우고 우선 2집 발간 후 써둔 작품부터 모아 묶어보았다.

　탈고는 끝이 없어 살피면 살필수록 손댈 부분이 많아져 적당히 수정하는 것을 기본으로 정하고 부끄러운 시심과 시상을 정리해 본다.

아직도 수많은 작품이 쌓여 있고 세상 밖에 나와 빛 보길 애타게 기다리고 있다.

앞으로 이어질 4집, 5집에는 시인의 진심 어린 내적 시상과 고집을 형상화해 낼 계획이다. 더 발전한 안목과 순한 사랑의 시선으로 내 안의 소리가 분명하게 발현되길 조심스레 소망한다.

시집이 나오기까지 시인을 키워주시고 애써주신 가족과 스승, 지인 여러분 그리고 출판사 관계자 여러분의 노고에 깊이 감사드리며 시집 발간의 소감을 대신한다.

| 목차 |

시인의 辯 ·· 4

제1부 꿈꾸는 나비

민들레 ·· 13
개화(開花) ·· 14
꿈꾸는 나비 ·· 15
낙숫물 ·· 16
고백 ··· 18
블랙박스 ·· 20
석양 ··· 22
구조작업 ·· 24
봄의 스텝 ··· 26
들꽃 ··· 27
사랑방 비둘기 ·· 28
상춘(想春) ·· 30
사진 ··· 31
별들의 전설 ·· 32
꽃길 ··· 34

제2부 에덴의 창

동학사 가는 길 ······················ 37
파도 ······································ 38
젖은 우산 ···························· 40
목련 ······································ 41
힌트 ······································ 42
상사화 ·································· 44
가시 선인장 ························ 45
에덴의 창 ···························· 46
Drum 오디션 ······················ 48
바람을 걷다 ························ 50
오월의 연서 ························ 52
거울 속에 사는 낙타 ········ 53
밤(溢)꽃 다리(橋) ················ 54
피노키오와 생각 모자 ······ 56
황금 원숭이 ························ 59
바람은 불어도 ···················· 60
날개 ······································ 62
희망 사항 ···························· 64
이름 없는 날 ······················ 66
詩 내리는 밤 ······················ 68

제3부 3월의 눈(眼)

사유(思惟) ······ 71
카메라 ······ 72
프리즘 ······ 74
춘몽(春夢) ······ 75
새벽 강 ······ 76
알고 싶어요 ······ 78
불꽃 ······ 79
파라다이스 ······ 80
3월의 눈(眼) ······ 82
볼록 렌즈 ······ 84
그날 ······ 86
괜찮아 ······ 88
홍시 ······ 90
바위 ······ 92
잎새의 이정표 ······ 94
발아(發芽) ······ 96
겨울 숲 ······ 98
언제나 해피데이 ······ 100
무지개 ······ 102
안 계신가요 ······ 104

제4부 시간의 늪

유모가 필요해 ·································· 109
높새바람 ······································· 110
오직 감사함으로 ······························ 112
꽃보다 아름다운 ······························ 114
시간의 늪 ······································ 116
사랑비 ·· 117
꽃잎 ··· 118
천 개의 구름눈 ······························· 120
탈피 ··· 122
세상의 눈 ······································ 123
무소유 ·· 124
꿈 ··· 125
벼랑 끝에 서서 ······························· 126
弔弟文 ·· 128
물안개 ·· 130

작품 해설 _ 문학박사 김영훈 ····················· 131

바람 속에서 ———

제1부

꿈꾸는 나비

민들레

쏟아지는 햇살
금잔디 사이사이 번지는 연초록 물감
겨우내 엎드려
바람 소리에 귀 기울이던 민들레

감은 눈 살짝 뜨고는
'아이 눈부셔'
파릇한 이파리 손 두 눈 가리고
활짝 웃는 샛노란 민들레

바람 따라 깊어진 봄
가지마다 고운 염원 맺힌
파릇한 새잎
어느새 자라나 온 들이 연둣빛 풍요

활짝 터진 꽃봉오리
노니는 새들
아, 꽃 향 맞으며
봄 마중 갈까나

개화(開花)

꽃잎 여는 소리에
바람은 밤새 가슴 졸이고

꽃 향에 취한 안개
잎새마다 영롱한 은방울 달았다

마른 풀잎 사이사이
활짝 핀 민들레 노란 꽃잎

민들레 속마음이야
모진 겨울 잊어도 좋은데

이슬방울 맺힌 자리마다
향긋한 꽃냄새

하마 봄인가
그립던 푸른 잔디

두견도 울기 전
돌아온 메아리 온 산을 깨우네

꿈꾸는 나비

바람 부는 날
하늘엔 구름 보석 수놓이고
노란 배추꽃에 앉은 나비 한 마리

떨어지는 빗방울에 화들짝
옮겨 앉은
상상 속 돛단배

저 넓은 하늘 날 수 있을까
'날개만 접지 않으면요' 은밀히 고백하는 바람
들어도 모호한 뱃길을 묻는다

빛의 상상
둥실 뜬 황금 꽃가루
평행저울 꽃가마
좌표 따라
너울너울 화려한 비상
위태로운 모험

낙숫물

잊으라고
세월이 그렇게 흘렀는데
속절없이 기다리기만 할 테냐고
구박하듯 기약하느냐고

아득한 구름 풍선
너무나 향기로운 꽃비
해볼 테면 해봐라 약 올리듯 펼치는
낡은 낙하산

위태롭게 쥐어 잡은 밧줄
쥐 나도록 잡아도
반쯤은 기름칠
기대 반 실험 반 날카로운 저울질

다 그런 거지
이제 와 새삼 무슨
그만 잊고 묻자고
차례차례 떠밀려 떨어지는 거품꽃

아득히 가라앉은 꽃의 심지
어쩌자고 싹은 터
이 마음 흔드는가

고백

'함께 즐겨요'
무딘 감각
끈적이는 리듬

아무렇게나 던진 시선
서사라기엔 정말 재미없는 우연
그냥 즐기고 싶었어

반주로 깔리는 구슬픈 색소폰
호흡 좋고 목청 좋은 가락
가요도 '격'이 있노라고

구성진 칼톤 허스키
가설도 이쯤이면
뮤지컬 아닌가

수준이야 어떻든 즐기면 그뿐
그래도 한가락은 읊어야지 둥 떠미는 춘향
다시없을 엿장수 '산토끼' 한 자락

배경에 밀리고
통 큰 필적에 기죽는 울화
한 방에 날릴 묘수는 없는가

즉흥 '랩'이라도?
하지만 어쩌냐
'솔' 이상 트지 않는 목소리

누가 알랴
시원히 질러보고픈 옥타브
숱한 공 연주 씁쓸한 그 맛

실망은 없으리 다짐하며
언젠간 물러날 코로나처럼
돌아오리 내 사랑 내 목소리

블랙박스

잔잔한 꽃구름
기억은 허공을 날아
고운 무지개 풀씨 뿌렸다

분침을 다투던 운동장엔
느티나무 다섯 그루
가지마다 주렁주렁 매단 푸른 음표들

바람 지날 때마다 일제히 입 맞춰
노래하는 잎새들
운동장 가득 합창 소리 울려 퍼지고

떠났거나
출발하거나
출렁이는 잎새 따라 아련히 들려오는 멜로디

가지 끝에 걸린 거미줄엔
긴 한숨 흐르고
두 눈 부릅뜬 초저녁별

어느새
낮달은 이별의 문턱을 서성이고
아쉬움에 눈물짓던 기억 속 교정이여

석양

등 대고 한 바퀴
푹신해도 두 개 놓기는 비좁은 자리
고작 대여섯 시간 지나면 일어날
짧은 휴식
내려놓는 것 당연했지

철제침대, 등나무, 돌침대, 이층침대
유럽에서 동양까지 방마다 하나씩
수십 년 종류별로 한 가족이더니
아이들 다 커 출가하고
달랑 남은 싱글침대 한 개

방마다 여유 공간 부족해도
안락하고 푹신함
피고 접는 요 이불에 비할까
명절에나 펴보는
서러운 이부자리

꽃베개 무릉도원 웬 말
세월 닮은 애증 관처럼 굳어지고
코골이 못 견뎌
홀로 꾼 춘몽 하세월
고독도 때론 편안의 너울일세

구조작업

청춘이라고
청춘을 말하는데
나이 많다고 비웃는 그대
그대의 청춘만 길 줄 아는가
누구보다 반짝이던 청춘 내게도 있었다네

숨 가쁘게 오르는 빙벽
잡지 않으려면 밀지나 말든지
공개석상 지적질
말끝마다 비웃음
소리 없는 삿대질

은유도 직유처럼 천하에 무배려
기회 한번 주지 않는
검고도 헤픈 혀
에둘러 쏜 독화살
고단한 세월 좀 쉬는 게 어떠냐

못된 그 입술이 뱉은 독설
누가 대신 갚아주리
아시는가 청춘인 그대
풀잎은 절로 자라 건초 되지만
묘목은 잘 자라야 구조된다네

봄의 스텝

자유, 방랑
외치듯 날아간 비둘기
높이 나는 게 천성은 아니었다고
구구구 알 수 없는 변명

기억을 쏟아내는 편지함
떠오르는 이름들
오해인가, 두고 내린 손수건
찻길 위로 흩어지는 아카시아향

까맣게 뜬 욕망의 구름 바라보다
바늘 된 한숨
혹시 그랬더라면
다 그렇지 뭐

아무나 선녀인가
들릴 듯 말 듯
묵직이 가라앉는 색소폰 소리
흐느끼듯 가버린 봄바람

들꽃

꽃에도 마음이 있어
사람들은 제 느낌대로 이름 붙이고
지천의 꽃잎 사이로 불쑥 내민 씨방
온갖 곤충 풀벌레들 드나들지

흙 속에 섞이는 명도와 채도
노랗고 붉은빛 발산하며
들어내는 속마음

사유야 어찌 됐든
서로들 다른 생각 품고도
곱고 맑은 새침한 얼굴

얽힌 뿌리 불편한 듯
무리 진 푸른 빛
다닥다닥 비좁아도 함께 있어 더 고운 들꽃

사랑방 비둘기

하루걸러 내리는 비
봄의 끝을 달리고
바람에 실려 오는 달콤한 아카시아 꽃향
아버지는 아카시아 향기를 좋아하셨다
사진 속 아버진 언제나 꽃을 본 듯 웃고 계시다

목사이신 아버진 늘 설교문을 쓰셨다
백지마다 빼곡히 써 내려간 잘잘한 까만 점
흰 여백마다 작성해 간 만년필이나 펜글씨 설교문
살아오신 45년 목회 세월 고스란히 일기장에 잠잔다

황해도 해주 옹진 어디쯤서 시작하신 신학
집엔 늘 슬픈 사람들이 드나들었다
'운학'으로 바꾸신 함자도 '신 활 빈'
도무지 난해한 사유
왜 하필 농촌 목회를 하셨을까

당신의 어린 시절엔 책이 귀해
시오리를 걸어가
목회실 책 한 아름 빌려와 밤새워 읽고
다음날 바꿔다 읽곤 하셨다며
온갖 책들을 구해 '좋은 세상'이라며 읽게 하셨다

매월 새 잡지 기다리던 기억
교통비 식비 절약해 사 오시던 책들
짓궂은 사춘기 반항심 채운 당신과의 질문과 토론
그 끝은 언제나 사랑과 신의 뜻
우직한 신념 통제 절제 봉사의 삶

그 대단하신 가르침에도
빛내지 못한 훈장
숭고하신 삶 누가 감히 흉내 내리
따스한 눈빛 다정하신 목소리 들리는 듯
생각사 눈물뿐이네

상춘(想春)

꽃구름 사이에 뜬 무지개 오선지
고운 양산 받쳐 들고
날아든 꽃잎 나비
쉼표마다 내려앉아
얄미운 날개만 파르르

꽃잎인 양 포장한 솜털 버들치
새잎 돋은 버들 아래 노니는
은은한 울음

꽃잎은 하염없이 흩날리고
부서져 흩어지는 꽃송이 따라
떠오르는 얼굴

내 탓임을 알지만
단 한 번 찾지 않는
야속함이여

풀잎에 떨어지는 눈물방울
영롱한 이슬인 양 위장해도
가슴만 마냥 헛헛하여라

사진

파마머리 미싱사 청바지를 수선한다
가위질할 때마다 파랗게 질린 멍든 실과 바짓단
긴 바지 기장에 베이는 비명소리 흘러내리고
잘려 나가는 바지 천

반창고 붙인 바늘에 실을 꿰고는
상처에 붙은 상표 위를
달리는 노루발
비명 실은 성지 순례

허연 등 들어내며 질주하는 노루발
어디쯤서 내릴까
잠시 그물 속의 물고기 세어보는 즐거움
갈아 끼운 바늘 또다시 파도타기

길게 우는 재봉틀
출항한 수선사 선장 뱃머리를 돌리고
벽에 걸린 사진 속 먼바다 갈매기
마침내 수선실 항구 노루발을 내린다

별들의 전설

외갓집 울타리는 대나무 숲이었다
뒷담을 빙 둘러선 무성한 대나무 울타리
앞마당 벼랑도 온통 대나무 숲
바람 부는 날은 무섭게 술렁이며 대나무 숲이 울었다

비 온 뒤면 여기저기 솟아나던 죽순
뒤란 장독대 옆엔 포도보다 작고 붉은 열매들
외삼촌 외숙모 작고 어린 외사촌 형제들
울안 가득하던 할머니 이모님 웃음소리

외할머니 따라가 본 언덕 넘어 텃밭엔
고랑 따라 싱싱한 채소들 푸르게 자라나고
풋고추 오이 상추 한 바구니 가득 채우시던 할머니 손
교회보다 조금 높이 자리한 외가는
온 동네가 한눈에 보이는 제일 높은 집이었다

순결하고 성실하셨던 부모님
희생과 헌신 별처럼 반짝이며
어렵고 힘든 순간에도 위로와 축복을 확신
그렇게 살라는 부단한 가르침

뜻대로들 살고 있으니 두 분 꿈은 모두 이루신 걸까
하늘의 별처럼 바닷가 모래처럼 번창하리란 약속
무엇을 꿈꾸든 더 멋진 전설이어야 한다

꽃길

누굴 기다리는지
날마다 피고 지는 채송화
이 봄 무엇을 해야 할까
꿈꾸는 맨드라미

꽃잔디 지천인 봄 뜰
설렘은 수국인데
구름 밟듯 마음은 풍선
소리 없는 너털웃음 흐드러진 작약밭

어디로 흐르는지
눈앞엔 자욱한 아지랑이
철없는 즐거움
아름다워 더욱 시린 봄

제2부

에덴의 창

동학사 가는 길

꽃잎 흩날리는
때 이른 낙화길
봄인지 안개인지
아득한 꽃구름

구름 따라 흐르는 아지랑이
가물가물 헤엄치는 버들치
비처럼 쏟아지는 벚꽃
아, 버들가지 새잎 돋았네

몽롱한 바람
떠다니는 뽀얀 솜털
출렁이는 버들가지
발아래 밟히는 꽃잎들

아름다워 오히려 서러운 봄
봄빛에 취한 시심
다시 읊어도 그리운
아린 가슴 적시네

파도

쉼 없이 출렁이는 바다
태고의 신비 깊숙이 품은 채
끝없는 승화
마침내 거센 바람이 되었다

시침 떼고 내달리는 방파제
짙은 화장 푸른 분칠
바위마저 울리는
저 서러운 출렁임

애달픈 물안개
소리 없이 하늘에 오르고
흰 구름 뭉게구름 결국은 비구름
눈비 소나기 아프게 쏟아내고

흔적 없이 사라지는 물 알갱이
누가 파도를 눈물이라 했을까
거대함에 고개 숙인
겸손한 진실일 뿐

세상 어느 화가 시인 있어
흔적 없이 사라진 생명
흘러간 사유
그 아픔과 슬픔 기억해 달래주리

파도의 슬픈 눈물
그 눈물 마를 때까지
바위에 눈 새겨 뜨고
지켜보겠노라고

젖은 우산

기대만큼 해내지 못했다고
어찌 그리 모자르냐
궁핍에 힘도 되지 못한
둑 없는 폭포 사구에 섰다

방파제는 없는 걸까
우산도 없이 거리에 나선 달팽이
쓰디쓴 눈물
가시면류관 피 흐른다

비바람 치던 날
우연히 만난 우산 하나
외로움에 빨려든 나뭇잎
세월은 그렇게 정성으로 흐르고

바람의 유혹마저 감미로운
노을 진 호숫가
젖은 우산 펼치고
무례한 계절 세월 앞에 섰다

목련

기억 저편의
흘러간 기억들이 돌아와 입을 연다
별들이 쏟아낸 흰 꽃가루
교정 가득하던 벚꽃 은하수
꽃잎 흩날리는 교정엔
하얀 열망 출렁이고

교정 밖 울타리
가지마다 송이송이 맺힌 꽃봉오리
잠들었는가
하얗게 반짝이며 용솟음치던 에너지

하늘 가득 울려 퍼지는 별들의 함성
아득히 그리운 눈망울이여

힌트

너무 몰입하진 마세요
관심은 있지만 아쉽진 않답니다
아직 편하지 않아서겠죠
지금 집 앞이에요

뭔 일 있나요?
엉뚱한 풍선 제 말만 또르르
구름 낀 수화기
기다리는 전화는 소식도 감감

상황 끝 아닐까
안타까운 드라마
습관 같은 포기 거절은 잦고
다 그렇지 뭐 허탈한 자책

기승전결 주어 서술어 공식대로 짜맞춘
며칠 밤새운 작품
어설퍼도 그 작품 분명한데
상처받기 전 자기 암시

표절로 줄 선 책상
악감정 없음을 알면서도
마땅한 평가일까 수없이 곱씹으며
오히려 심사단 수준 재보는 절묘한 상상

억울함도 면역이 생기는가
물컹하고 비릿함
말 많으면 역적이라는
여물지 못한 해바라기

상사화

해 질 녘
불어오는 골바람

잎새마다
수줍은 사랑 정표 새겨진다

상처 될라
몇 겹씩 두른 사랑샘

웃는 건지 우는 건지
줄기 사이 맺히는 물방울

흘러가는 저 구름
그리움인가

홀로선 외로움
출렁이는 노을

서글픈 사랑
온 하늘 붉히네

가시 선인장

이왕이면 도도해지자
얼굴에 웃음 주름 생기든 말든
아무 말이든 던져도 보고

착한 바다 되면 뭘 해
민들레나 비웃는 것들
무례한 저 바윗덩일랑 모른 척하자

겸손할수록 밟히고
참을수록 웃음거리 되니
아무도 모르는 주문을 외며

누가 아니 너를 왕좌에 앉힐지
부끄럽다 말고 과감하게
한쪽 눈 한쪽 귀만 닫으면 될 거야

에덴의 창

평생을 캐내 파편만 남은 심장
그 뜨겁던 지성 다 어디로 갔는지
이 봄 고요의 늪에 앉아
가만히 시작 노트 펼친다
울창한 문장 밀림
말(言)들이 키운 전설 속 에덴엔
두견새 뻐꾸기 울음
아직도 은은한데

그 소리 그리워 가끔가끔 떠올리던
시퍼런 존재감
질긴 연잎
에덴은 또 얼마나 더 가야 하는지

주인공은 언제나 타인
길 잃은 철새
변함없는 연출
대본에 왜 나는 없을까

시심은 늘 한 걸음 뒤 숨은 그림자
못다 핀 버들가지
간절한 목마름
이 또한 지나가리

Drum 오디션

거침없이 세게 더 세게
힘껏 더 힘껏 내리쳐라
사정없이 두드려라

기억 저편 붉은 노을 깃들고
카인의 절규처럼
가슴은 뜨거운 양철

그래 끓는 네 속 편해질 수 있다면
저 양철북 따위
원 없이 두들기거라

가끔은 꽃술에 話術 분 바르고
매몰차게 내리친 화수분
아닌 척 들어준 무대 몇 번일까

아, 까마득한 정상
뚝뚝 리듬처럼 떨어지는 동백
아픈 블랙박스

마디마디 피어나는 북채 노래
마침내 별이 된 Drum
설운 북채 꽃 전설이 된다

바람을 걷다

긴 시간 책 읽다가
꿈꾸듯 집을 나섰다
아득히 둘러선 능선
넓게 펼쳐진 푸른 들판
길게 뻗은 물길을 따라 걷는다

구불구불 산모퉁이 돌아가는 길
축축한 풀잎 밟으며 걷는 발걸음
멀리 뾰족한 교회 종탑 보이고
나뭇가지 사이사이 꿈꾸는 작은집들

개 짖는 소리
마을의 수호 텃새들
소란스레 낯선 침입을 알리고

어떻게 할까
치밀한 계산
조심스레 집어 든 돌 하나

왜 왔는지
책장마다 말들은 뛰고
마음은 힘껏 던지고 싶어

깨기도 전 입술이 마르고
아직도 바람은
새들의 아픔을 이해하지 못했다

오월의 연서

아파트 담장에 활짝 핀 넝쿨장미
듣는 시대 아닌 보는 시대라고
바람 따라 살랑살랑 얄미운 몸짓
환한 미소 매혹의 춤

참을 수 없는 유혹
감탄의 화살
담장 위에 꽂힌 채
미색 쫓는 가슴앓이

절절한 호소에도
곁 한번 주지 않는
도도한 가시
활짝 웃는 장미꽃

향기는 그렇게 구름을 적시고
신선함보다 당당함이 더 좋아
꽃말은 '열정'
내게는 행복한 '아름다움'이네

거울 속에 사는 낙타

거울 속 낙타는 눈이 검었다
긴 세월을 살아낸 사유의 빛
빛나는 차돌 같다

바위가 모래 된
낙타 살던 모래들의 사연을
나는 모른다

판도라의 신비
혼합된 온갖 색채
얼마나 긴 그리움 견디다 차돌이 되었을까

까마득한 억겁의 시간
윤동준과 옛 시인이 살던 저 높은 담
한숨과 눈물의 사연을 나는 모른다

늦은 발자국 따라가는 허허로움
누가 알리
오늘 또 다른 슬픔을 그리는 낙타의 사유를

밤(澁)꽃 다리(橋)

어둠은 안개를 입고
텁텁한 밤 향기 거리를 휩쓴다

그 옛날 온 동네 흥이었을
안개 속 너울너울 춤추는
각시탈, 양반탈, 도깨비, 스님 탈
땅심으로 사라진 그 많은 탈의 혼

뭔 놈의 서리꽃 저리도 많이 피었나
늪에는 언제나 자유의 다리 놓아지고
금으로 흙으로 반짝이는 DNA들의 소란
모이지 마, 말하지 마, 다가오지 마

꿀물 한잔이면 눈물도 진주 됨이 분명한데
곁눈 한 번 주지 않는 밤 꽃술
금 쌓는 거미줄은
어떻게 만드는지
빠끔 뻐끔 뽀글뽀글

연서 띄운 날개 우산
어망 속 고기떼
누가 먼저 건지냐고
너울너울 소리 없는 용트림
다리 위엔 희고 검은 추모 꽃잎 뿌려지고

기막힌 쉰 소리 앵무새
꼬리째 휘저으며
장단 맞추는 굿 놀이 한바탕
밤꽃 다리 살아난 전설
온 봄을 하얗게 물들이네

피노키오와 생각 모자

날마다 안데르센 동화길을 걷는다
손에 닿을 듯 풍선 구름 떠다니고
사탕 과자 주렁주렁 열린 그 옛날 가로수
뾰족한 모자 쓰고 걷는 수정길
그림 속 아이들 팔 휘저어 잡아도 둥둥 떠나는 비행 풍선

'이리 오너라 피터 팬'
심심한데 욕이라도 할까보다
욕 잘해야 신선하고 유쾌하다 박수받고 뽑힐 건데
동화 나라 아이들은 망가지는 걸 싫어해
좋은 집안 손이거든

마법 성에는 일곱 난쟁이 기다리는데
과자 지붕에 내리는 설탕비
젤리 창 아이스크림 길손을 부른다
피터 팬은 왜 어른이 되지 않을까
반짝이는 눈빛 홍조 띤 고운 뺨 생각이 커지는 요술 모자

가끔은 생각 모자를 쓰고 싶다
양 갈래 땋은 머리에
커다란 리본 모자 쓰고 자전거 탈까?
달릴 수 없는 걸 깨닫는 순간
생각은 동굴 속에 갇히고

들이닥친 해적선 애꾸눈 선장
잭의 콩나무는 어디에 있는지
마귀할멈은 아직도 독 묻은 사과 팔고 다니나
용감한 로빈슨과 톰 생각나라 책 섬을 탐험하지만
12시면 돌아오는 유리 구두 신데렐라

빨강머리 앤 고아여도 씩씩했지
혼돈의 사유 제풀에 잦아든 페이지
백년전쟁 실크로드 잔 다르크 장보고 장영실 하멜표류기
어느새 모자엔 흰서리 내리는데
달도 별도 밤에만 뜬다며 철썩거리는 섬나라 야자수

황금박쥐 장발장
수많은 성냥팔이 소녀 낯선 길을 헤매고
갈대는 바람에 흔들리고 메뚜기 떼 대지를 휩쓸어도
어느새 별빛 된
반지 제왕 제인 에어

양철지붕 위 북 치던 소년 에델바이스 핀 나라로 떠나고
섬과 섬 사이 미나리 지구 꽃 활짝 폈다
오래전 시 트로피 싱싱하게 살아나 이토록 펄떡이는데
피터 팬 옛 시인의 노래들 기억했을까,
마법의 성 마녀는 뭣 하는지

포청천 대감 선고하라
잘났다 떠드는 발칙한 저 은비늘 욕쟁이
못된 떡갈나무 송아지 엉덩이 뿔 따위
때맞춰 가지 치고 뽑아야 하느니

아직도 항해 중인
피노키오 왕자와 유람선
절대 예뻐야 하는 동화 속 주인공
인어공주와 캐디 페미니즘
언제나 뒷장에서 출항 대기 중

황금 원숭이

달빛 깊은 밤
별빛 세레나데 잠으로 흐르고
사춘기 꿀바람 솜사탕
음악 한 곡 들려주면 언제 그랬더냐
금방 순해지는 원숭이

아무리 애교 넘쳐도
노는 물이 달라
상황 따라 달라지는 사랑
어디에 장단 맞출까
언제까지 지켜봐야 하는지

온통 교활한 도가 교실
분리불안 가득한
공격성 신데렐라 솔루션
닫힌 마음 열린다면
단호박쯤 행운인 거야

바람은 불어도

빛이 있었어
어쩌다 고향을 떠났네
낯선 곳에 닿았고 어두운 동굴에 살게 됐지
동굴 삶은 어둡고 답답하기만 했네
더 넓은 세상을 꿈꾸었지

동굴 밖은 늘 소란했어
바람 소리 물소리 차 소리 음악 소리
온갖 상상의 소리
별거 아니야 궁금하면 나가 보지 그래
검은 마법사 희망 고문

바보인가
당나귀는 귀도 눈도 감았지
그게 뭐라고
겁 없이 뛰었네
열정으로 달렸지

검푸른 바다 향해 부르짖던
소리 없는 절규
턱까지 차오른 서글픔
그래도 해야 할 일이면
최선을 다했어

이 또한 지나가리라
문득 어머니 말씀 떠오르고
지나고 나면 또 무엇이 기다릴지
끝까지 씩씩하게
흔들림 없이 걷고 또 걸으며

날개

감성 바다에 뜬
형상의 나룻배
성찰하듯 표류하는
애틋한 시어들

은유 환유 상징으로 유추한 아이러니
산뜻한 함축
절묘하게 첨가하는 서술 묘약
자유로운 감성 번데기

공감의 심상에
나비처럼 날아 공작처럼 화려하게
온갖 수려한 창작의 술
그게 바로 승화지

눈치 천 단 어찌 창작뿐일까
시퍼런 상상의 날개 펼친
설욕의 진수
마법 무지개

그 끓는 언어 바다 분화구 한복판 내리꽂고
마침내 화려한 탈피
본래 시인은 눈치 천 단 번데기 아닌가
나비는 시성(詩聖) 되어 하늘을 난다

희망 사항

가로수 가지 끝
밤이면 열리는 철야 기도회
아픈 이름들을 위해
밤새 흘린 천사 눈물 새가 된다

불 켜진 창가에 앉아
가난한 기도 듣는 새들
하늘을 감동시킨 천사는
투명한 진주
만나를 내리시고

해 뜨면 사라지는
새벽이슬
어느새 천사들 안개 걷힌 하늘에 올라
유유히 흘러가는 구름

뜻만 걸린 앙상한 나뭇가지 사이로
이별을 고하는 바람
삶도 죽음도 부질없다
마침내 살길 찾는 생명들

어둠 걷힌 하늘 수놓아진 구름 기도문
어느새 생명의 숨 차오르고
창마다 들리는 아이들 웃음소리
빛나는 운동장 시린 게임 열린다

이름 없는 날

이름을 부르면
제일 먼저 떠오르는 얼굴
친하지도 싫지도 않은 사람들
꼭 있을 이유도 없지만
곁에 있으면 좋은
필요할 때만 생각나는 이름

변변치 않은 글들 발표할 때마다
떠오르는 영상
어색한 문장마다 그 얼굴 겹치고
말하고 싶지만 공연한 일 같아 입 다문다
열심히 했을 텐데

남의 옷 입은 듯 어색한 인터뷰
허공에 핀 매화
감당 못 할 안타까움
결단코 지켜야 할
내 자리 내 사람

연의 끈 감아쥐며 다짐한 순간
온통 내 편이라 믿고 사는 어리석음
문득 함께 있어 좋았던
아련한 이름
철없는 그리움

사는 게 다 그런 거지
끝없는 질문 꼬리를 물고
어디를 향해 가며 이렇게 살아도 되는 걸까
종착역엔 누가 먼저 내리게 될지
잊은 이름만큼 외로운 그리움

詩 내리는 밤

싱가폴에는 눈 대신 비가 내린다고
세월 탐하는 여왕벌
팔다리 따로 노는 소식 전한다

정수기 앞 목마른 얘기꽃
거울에 비친 항암 머리 정수리
화들짝 놀란 토끼 눈 사진에 꽂히고

아득한 설음
버틸 이유 한가진들 있었든가
세월은 그렇게 흘렀다

서글픈 추억의 귀환
별 뜨는 밤 시는 내리고
왈츠와 스텝의 숲

온갖 사유의 무도장
언제나 애달픈
숲의 그림자여

제3부

3월의 눈(眼)

사유(思惟)

삶의 바다를 달린다
날마다 여닫는 하늘과 땅처럼
사유의 바다를 누비는 환상의 크루즈
완벽한 자유는 신의 영역
선장은 낭만
승객은 자유
목적지는 영광
돛대일 항구 찾아
그 안과 밖을 쉼 없이 달린다
평생을 달려도
심연에 닿지 못하는
영광에의 도전
무작정 날개만 퍼덕이다 사라지고
다만 기억된 일은
창조의 자유와 낭만
온갖 영광을 사모하는 사유들의 슬픈 그림자여

카메라

비 올 땐 우산을 써야지
옷 젖는 생각도 없이
살랑살랑 때아닌 나비 날개
제멋에 살아도 지켜보는 눈 많은 세상
마냥 좋아 혼자 나선 나들이

문득 앞서 걷는 사람 눈에 띄고
무슨 생각 골똘한지
우산 없이 땅만 보고 걷는 모습
축축한 머리 어깨 우산 같이 써줄까
빨라진 발걸음

한참을 뒤따라도
줄지 않는 그와의 간격
속도 내 앞질러도 방향만 비켜서고
한 번쯤 청하면 넉넉한 우산 씌워 줄 텐데
젖어도 상관없다는 듯 꼿꼿한 발걸음

꽃잎도 비 젖으면 머리 숙여 피하고
멋보단 안 젖는 게 우선인데
우산도 짐이냐
비 오는 날의 멋 내기
정말 못난 체면이다

프리즘

배춧잎에 숨어온 민달팽이
아하 들켰네
코로나로 집안에 갇힌 지 며칠째
찍어 보낸 카톡 사진 몇 장

안부 문자 주고받다 보내온 장다리꽃, 식장산 탑
제 동생과 아빠 사진
섬세한 사진 솜씨 몰라보게 늘었네
반가운 영상통화

할머니 '달팽이'가 사라졌어요
영상 속 민달팽이
달팽이도 배춧잎이 그리운가 봐
배춧잎 속에 꼭꼭 숨었네

시간은 기억 속 꽃씨 틔우고
23층 아파트 장다리꽃 화분에 찾아온 봄
개나리 목련보다 더 곱게 핀 두 녀석
아하 그 설레던 고운 꿈이 너희로구나

춘몽(春夢)

공연한 설움
떠나온 항구엔 아득히 꽃구름 떠돌고
은은히 울리는 뱃고동
새잎 돋은 버들가지 아래
꽃잎인 양 헤엄치는 버들치

무엇을 해야 할까
꽃잎은 두려움을 모르고
뱃전에 부딪는 검푸른 파도
목적지는 어디인가

백신 맞은 소외감

언제나 헛헛한 앞섶

새벽 강

숨차게 달려온 물길
축축한 새벽바람
어둠이 물러가는 강물엔
미처 지지 못한 달빛 고요의 새벽

바람은
세월의 시간을 불러
강물 위에 기억을 뿌리고
별들을 잉태시킨다

생명을 품고
바다로 흐르는 물줄기
온 들녘 초록 눈 틔워
푸르게 물들이고

물 따라 흘러가는 숱한 사연
번뇌의 파편들
세상 모든 아픔과 슬픔을
강물에 바친다

그리고는 펼쳐지는 시 한 편의 고별 연주
부끄러운 기억
지난날 흔적들
강물에 뜬 슬픈 추억의 잔향마저 지운다

알고 싶어요

세상이 있고 생명이 있는 이유
양지와 음지
유연함과 강직함이 있는 이유
경쟁에 이기고 싶은 이유
서로의 무리에 껴야 하는 이유
중심에 서고 싶고 인정받고 싶은 이유
미움과 용서 연민이 있는 이유
환상과 설렘이 필요한 이유
멋진 풍경과 꽃을 좋아하는 이유
사랑하고 사랑받고 싶은 이유
웃음과 눈물 미소가 있는 이유
세상의 빛과 어둠
선과 악이 존재하는 이유
아침과 저녁이 있고 침묵과 소란함이 있는 이유
나고 죽고 병들며 우열이 있는 이유
많고 많은 끝없는 세상의 사유들
시원하게 알려주실 누구 없을까요
알고 싶어요

불꽃

노래하는 사람은 절대 외롭지 않다고
무대가 말한다
그런데 왜 눈물이 흐를까
슬퍼하는 넌 분명 거울

펄펄 눈이라도 내리면
눈물도 감춰지려나
절묘한 거울 속 날개
더욱 사랑스러워

너무나 오래 잊고 있던
기억 속 푸른 시절
은은한 달빛 노래
웃고 있어도 눈물이 난다

외로움이 삶을 흔들고
절절한 소외감 가슴을 후벼도
한바탕 시 울음 펑펑 쏟고 나면
나는 또다시 바람 속 전설이 되느니

파라다이스

아직도 설렘을 꿈꾸죠
열정과 사랑
세상 끝에는 무엇이 있는지
살 이유와 용기 주는 게 무엇인지

지금은 꿈꾸고 상상하며
링거를 맞습니다
잠든 감성 깨우는
열정
살아갈 힘이니까요

언제까지나
숨 쉬게 하는 신비로움
지치지 않고 걸어갈 수 있도록
링거를 맞으세요
오늘은 고목에 수액을 꽂습니다

링거는 목마른 삶 간절한 解渴水
소낙비 한차례 퍼붓고 지난 들판에
파랗게 살아나는 잔디처럼
생명을 주사하면
풋풋하고 생기 가득한 풀냄새

감미롭고 싱그러운 설렘
생기를 부어서는
바람 소리 새 소리
도회의 골목을 휩쓰는
아이들 웃음소리 음악 소리

아파트 창 층층이 뜨는 별들
온갖 사유를 어우르는 삶의 이유와 목적
포기할 수 없는 기쁨으로
한없는 푸름과 자유
그 간절한 설렘을 원합니다

3월의 눈(眼)

아득히 펼쳐진 모래밭, 안개 바람
화들짝 밀려드는 파도
휩쓸리는 조약돌
어쩔 수 없는 자전과 공전
뒹굴다 파묻히고

구사일생 살아나 별이 된 돌
파도 대신 들풀의 소리 반주로 하프를 켠다
홍경래, 길동, 봉준, 활빈당 수많은 순교자
힘없는 사람들
그 영웅들 다 어디 계실까

소망 불 밝혀 든 연등
경건한 우러름
지루한 화두 공허한 설전
유사 이래 행운은 강자들의 석좌 물림 아니든가
간택되려면 반짝여야지

소유와 애증은 초점
어떤 게 진실이고 농담인지
방점에 힘주는 근엄한 설전
용기 아닌 일탈의 저울질
아시는가, 겸손도 때가 있다네

볼록 렌즈

높이 떠오른 비눗방울
가라앉으면 당연히 수습 불가
뭐가 그리 당당한지
한껏 높인 오만 거드름

심술 항아리 철모 씌우고
던지는 말끝마다 집중 주목
'철 덜 들어 그래'
웃어주는 웃전들의 아니꼬움

볼품없는 허세마저
'믿는 구석 있어 그래' 모두 입 다문다
세상일 내 맘 같지 않아
그러려니 몇 해가 지나고

언제까지 두고 볼까
눈시울 붉히며
'오호라' 그랬구나

밝혀지는 뒷배
차마 웃지 못할
살아도 사는 게 아닌 생명의 사유
여기 아님 어디서 또 볼까
평생에 두 번 없을 구경거리

감당할 수 있건 없건
펼쳐지는 삶의 병풍
섭리로 읊는 풍월
좋은 세상 그리는 따듯한 화가이기를

그날

정류장에 내리니
눈에 띄는 빠른 걸음 앞서고
무언가를 몇 번씩 들여다보는 품안

아하, 안개꽃 두른 장미 꽃다발
꽃처럼 환한 얼굴
누구에게 가는 걸까
부럽고 궁금한 꽃

꽃보다 현금을 좋아하던 시절
눈물 부르던 꽃다발
흰 국화는 조의를
졸업, 결혼, 생일, 수상, 어버이 스승의 날 축하 꽃다발

현금 아쉬운 건 예나 다름없는데
꽃의 기억 이토록 절절한 건
분명 기쁜 일 적은 탓

외로움인가
공연히 가슴 뭉클
지하철 노숙자
꽃 한 송이 전해 볼까

시든 삶
봄날은 가도
변함없이 피어나는 꽃들
언제나 겨울이 있어야 생명은 부활한다네

괜찮아

공부, 노래, 그림, 웅변, 그런 것쯤
못하면 좀 어때
유창하지 않아도 괜찮아
사랑하니까
완벽히 하지 못하고
좀 느려도 괜찮아
잘하려고
노력하는 널 용서하니

우린 모두 널 사랑해
유쾌하고 친절한 널 좋아해
최선 다하는 모습 대견하게 바라봐
모두가 좋아하니까

상처받고 속상할 때 네 편 되어
혼자 울게 두지 않을 거야
다시 힘낼 수 있게
응원할 거야

괜찮아, 다시 하면 돼
겁내지 말고 힘껏 해 봐
너의 성공은 우리 자랑
네 기쁨은 모두의 즐거움

홍시

울긋불긋 감잎 사이
발갛게 물든 방울
백 년을 달리고도 또 스물, 스무 개나 달렸네
벙끗 방끗
아직도 풋풋한 눈썹

폭풍우 몰아치던 밤
하얗게 타오르던 땅울음
잊으려나 그 붉은 설렘
소란한 까치 소리
그럴 순 없으리

어느새 가지마다 주렁주렁
베이도록 휘어진 주머니
너울너울
꽉 찬 갈바람
한 가지도 어김없는 약속

햇살은 그 붉은 미소 오래도록 가지에 매달아
때늦은 발아도 온전히 키우는데
아서라, 낙엽 진 가엾은 꿈
떨어진 숙성
필연의 아픔이여

바위

솔바람에도 부서지는 돌
찰지지 못한 모래
서로의 상처를 못 견디는 자갈
그것들이 모여서 산을 이룬다

온갖 풍상에 시달리며
쪼개지고 무너지는 자리다툼
부서져 바람에 날려도
바라보면 한결같은 모습

오히려 의연히
서로 다른 높이를 뽐내는
두툼한 심지
굳은 바위가 중심을 버티기 때문

행여 흉한 상처 들킬까
온갖 상처 견디며
계절 맞춰 갈아입는 푸른 이끼
검은 바위 속 깊은 사유

아시는가
붉고 푸른빛 아래 버티는 바위들
거친 바위 있어
산이 더 푸르고 우람한 것을

잎새의 이정표

생각이 순했다
드세거나 억세지 못한
조근조근 연한 잎
힘없고 싸울 줄 몰라 만만했다

들러리 세워지고
언제나 용도 변경
그럼에도 줄기찬 소망
한결같은 푸른 동경

풀 바른 눈꺼풀 힘주어 바라보는
투명한 이정표
햇살 든 질긴 초록
오히려 꿈꾸는 낙엽

여린 잎 놀리던 바람조차
절레절레 두 손 든
빛의 시간
그늘 없는 영혼의 잎새

밟히고 부서져도
바래지 않는 푸르름
소리 없는 응원
끝없이 베푸는 신의 위로였어

발아(發芽)

봄은 오래도록 비포장도로를 달렸다
세월의 허물을 입고
긴 언덕을 내달리는 바람
이랑마다 초록의 꿈 잉태시키고
그 사잇길을 숙명처럼 순회한다

햇빛 좋은 날
입고 나온 껍질 속에 감춘
희망의 비파 줄
빛을 향한 간절한 제음題音
보호막은 두껍고 거칠수록 안전하다

행운은 유독 그만 비껴가는지
이슬비조차 피할 줄 모르는
탈피의 길목
한 땀 한 땀 이어가는
진심 거미줄

경우 없는 불편한 몸짓들
점칠 수 없는 미래이기에
펴기도 전 벗겨질까
숨죽여 차오르며
낮게 키운 열망의 거품 순리로 벗는다

겨울 숲

흰 눈발 날리는 스산한 숲
바람 지날 때마다 술렁이는
숲의 함성
그 숲이 내는 신비한 이야기
늘 궁금했다

비바람에 과육이 익듯
깊어지는 숲의 사유
견뎌낸 아픔만큼
고운 빛깔
저마다 어울리는 색 옷을 입는다

뭉치고 혼합되는 하늘과 바다
오묘한 빛
신의 뜻대로 조율된
빛의 애환들
빛만큼 아름답고 처연한
삶의 이야기

바람은 이따금 태풍으로 돌아와
제 깊은 설음 토해내고
가을 다 가도록 읍소하는 갈대울음
마침내 온갖 얼룩 털어버린
뽀얀 솜 갈대숲
찬 겨울 밀어내고 봄 기다리는 연둣빛 숲이 된다

언제나 해피데이

젊음
누군 한때 안 해봤나
새침한 그대 자랑 마라
짧게 누리는 호강이라네

꼭지도 못 뗀 풋내기 홍설
그 옛날 남발하는 꼴불견
주름잡던 날렵함
너 따윈 감히 상상 못 할 위세였지
선배 앞 숙일 줄도 모르나

한바탕 얼러 볼까
벼르는 손깍지
오래 참다 석불 될라
점잔도 때론 폐기할 매너
어찌 됐든 한번은 손 보리라

주체 못할 시린 눈
듣는 이 어지러운 핑퐁 묘기
억지춘향에 취하고
민망커든 소리 없이 나가 풀든
자제할 줄도 알아야지

아서라,
굵은 손 거친 입술
석양의 멋조차 즐길 줄 모르는 속물
고목에도 꽃은 피고
세월도 공평한 젊음인 것을

무지개

가족의 달 오월
이벤트가 그리운 가족들 제원을 찾곤 했다
비 온 뒤 하천물은 많이 불어 있고
물속엔 다슬기와 사금이 깔렸다는데
차창밖엔 뭔가를 건지는 사람들
냇물엔 가족들의 그리움 오붓이 흐른다

헤엄치는 물고기
송사리, 붕어, 피라미, 버들치, 모래무지, 미꾸리
바다 고기에 비하면 한없이 초라한 민물고기
그래도 몇 마리 건지면 고래라도 잡은 듯 충천하는 환호성
칼국수 어죽 도리뱅뱅 시키고는
한 해가 다 가도록 온 가족 통신 두레박

언제든 함께 가자는 휴가
도리뱅뱅 가든 앞에 길게 줄 서던 추억의 식객들
올여름 휴가 아직도 두어 달은 기다려야 하는데
호시탐탐 시기하는 마녀
오월의 첫 뉴스로 기상이변 내보내고

하루하루 퍼지는 코로나 소식
봄 겨울 폭설 한꺼번에 내려서는
오월을 조이는 초록 목
흐드러진 진달래 철쭉꽃 울리고
더 낯선 이름으로 아프게 하더니
그 아픔 지우라 설득하는
제원의 맑은 물 푸른 녹음
이 봄을 설레게 하네

* 제원 : 충남 금산 주변의 오래된 하천 유원지, 경관이 수려하고 맑고 깨끗한 청정
  지역, 사금과 다슬기가 유명함.

안 계신가요

둥실 뜬 회색 구름
신호음 여러 번 울리고
서너 번 신호로도 연결되던 통화

일하는 중일까

다시 걸어도
묵묵부답
꼭 전할 말 있는데

문자를 해 보세요

문자로도 답 없다면 분명 이상한 일
별난 일 많은 세상
그런 사유 발견되면

무슨 일인지 가봐야지요

친절에 반응 없음은
이미 마음 닫히는 중
언제나 침묵만큼 필요한 교감

가까울수록 관리가 필요한 이유랍니다

바람 속에서

제4부

시간의 늪

유모가 필요해

태산을 지고 있나
무거운 숨
심각해
너무 심각해

선고라도 받은 듯
깊은 수심
마주치면 불꽃 튀고
언제나 시선은 아래

일상엔 우울이 지루하게 배이고
표정 없음이 더 불안하지만
차라리 침묵
도대체 이런 상황 정상인가

재담과 농담조차
세상 사는 소소한 즐거움
침묵이 수양만은 아닌
일상의 기적임을 상상이나 했을까

높새바람

눈부신 햇살 너무나 아까워
일일 만 보 걷기 하마 몇 년째
경계 당료 염려증 남편 분주한 등산 채비

무덤 같은 뱃살 쏙 들어가더니만
얼굴 살마저 빠져 쪼글쪼글 인중만 길어지고
이젠 바닥 앉기도 불편하다고

당뇨 수치 좋아도
멋진 풍채 간데없는 주름 할아버지
그래도 가벼워진 몸이 좋다고

등산 아니면 무얼 할까만
잃은 게 더 많은 탄수화물 다이어트
관리 정도는 동네 병원도 좋다는 말도 서운해

가끔가끔 부동산 들러리 외엔
설 자리 마땅찮은
목소리 커야 이기는 세상

비좁은 틈 짧은 즐거움
가늠 힘든 해바라기
속 편한 세상은 없는 걸까?

반쯤 뜬 눈 귀조차 닫고 싶어
차라리 훌훌 거침없는 바람
맑은 공기 풍요로운 산책 등산길이 좋다 하네

오직 감사함으로

아버지 살아내신 세상은
늘 위험하고 평탄치 못했다
우리 사는 세상이라고 만만할까
정성으로 닦아놓으신 길이기에
편안히 걸어왔을 뿐

오늘 그 자취를 따라 걷다 문득
어렴풋한 위험을 가까이 보았다
분명하지 않은 실체
돌이킬 수 없다는 경고를 확인한 셈
이제라도 바른길을 찾아야 한다

어느 것 하나
감사하지 않을 수 있으랴
닥쳐올 어떤 난관도 이겨낼 수 있으리
잘 지나게 하심을 감사하며

감사로 맞는 아침
하나부터 열까지
두려움 없는 밝음을 소망하며
오직 여리고 약한 마음 굳건히
천만년 약속의 창을 연다

꽃보다 아름다운

파도는 쉼 없이 철썩인다
몰아치는 태풍
사납게 뒤집는 세월 쓰나미를 온몸으로 막으며
서러운 눈물 펑펑 울다가도

제 할 말 쏟으며
온몸으로 춤추는 전위 문장
진한 웃음 퐁퐁 솟구치는 마술사
언제 그랬냐 띄우는 화해의 무지개

수만 번 계절이 변하여
꽃들이 피고 지고
거센 태풍 파도 휘몰아쳐도
결국은 제자리

이렇게 유쾌한 비밀은
무조건 믿음
변하지 않고
그 자리에 있다는 것

아름답고 수려한 것
많고 많아도
세상에 값진 일 꽃보다 귀한 것은
살아 있는 것이다

시간의 늪

보이는 게 다가 아닌
거울 속 환상
생각대로 마음이 따라가는
요지경 시간
품어 누리다 물리는
과거와 미래

감당할 수 있건 없건
펼치는 삶의 병풍엔
결핍과 잉여의 꽃다발
섭리로 풀어가는
선한 화가의 따듯한 풍경화

누가 의인인지
천사는 하늘에만 계시는지
기억 속 흰 날개 천사였다면
그날이 봄날인 것을

사랑비

비는 바위를 부수어
자갈로 모래로
온갖 설음 살뜰히 씻어주고

바람은 비를 불러
온 들을 푸르게 적신다

누가 그 비를 눈물이라 했을까
결코 높은 곳을 바라지 않는다

비는 스스로 낮은 곳 찾아
연민으로 흐를 뿐

뿌리로 줄기로 흐르는
푸른 잎 김내기

또다시 안개로 구름으로
돌고 돌아 다시 물이 되고

숱한 생명 품은 채 고요히 반짝이는 강물
그리하여 물은 연민이고 사랑이다

꽃잎

아득히 떠도는 꽃구름
꽃잎에 날아든 시
그렇게 고운 시어들
복사꽃 날개 펴고 얄밉게 파르르

은은한 산울림
꽃잎은 하염없이 흩날리는데
바람에 부서지는 꽃물결 따라
꽃잎인 양 노니는 버들치들

온갖 꿈 펼쳐지는 봄 뜰엔
가지마다 새잎 돋아
계절로 스며드네

꽃눈에 머문 꿈
어찌해야
붉은 시심
더 곱게 노래할까

꽃잎에 맺힌 눈물
영롱한 빛
이슬방울인 양 위장해도
마냥 헛헛한 앞섶

천 개의 구름눈

꿈이 길어 감은
천 개의 눈
늘 해 뜨는 하늘을 보지 못했다

바람 타고 안개 이슬 뿌리며
산과 바다 자유로 떠다니다가도
해 뜰 무렵이면 다시 모이는 구름

구름이라고
의미 없는 마음 비 아무렇게 쏟을까
봄 가뭄 나뭇가지 애타는 노란 잎도 못 본 척하지만

어쩌다 바람과 눈 맞아
코드라도 맞으면
온통 흐드러진 소낙비

천 개의 눈 부릅뜨고
쏟아내는 용광로
천지개벽

더러는 빙하 되어 북극에 머무는
광란의 소낙비
요동치는 바다 울음

풀씨 하나 빗물 따라
흙 속 깊이 스며들고
깨어나는 파릇한 안개

어느새 천지 가득 민초 풀씨 숲을 이루고
숱한 생명 깃든 탄생의 전설
천 개의 구름눈 누구 본 적 있나요

탈피

시간은 늘 비포장도로를 달리고
세월을 겪는 모든 것들에 허물을 입히고는
아스팔트를 요구
뽀얀 미로를 잉태시키고

사랑만 걸치고 나온 씨앗들
그 길을 숙명으로 걷는다
입고 나온 껍질 속
보호막은 거칠수록 안전해

비바람도 피해 간 탈피의 목
행운처럼 비껴간 허공에
숨죽여 차오르며
한 땀 한 땀 이어간 거미줄

펴보기도 전 접힐라
열망의 거품이여
슬퍼도
양지로만 가야 한다네

세상의 눈

생각이 흐르는
요지경 세상
보이는 게 다가 아닌
거울 속 환상

거울 속 누리다 물린
과거와 미래
결핍과 잉여의 꽃다발
유무형 사랑이 흐르고

감당할 수 있건 없건
하늘의 섭리로 풀어가는
삶의 병풍
따듯한 풍경화

의인은 어디 계실까
천사는 하늘에만 계시는지
기억 속 흰 날개 천사였다면
세상은 꽃밭일 거야

무소유

새들은 마음을 어떻게 나눌까
누가 주인공인지
온종일 즐거운 소통
가지마다 귀 대고 새들의 말 듣고 싶다

바람 불고 눈비 오는 날이면
모두가 의기투합
기상을 점치는
쉴 새 없는 지저귐

가벼워야 멀리 날 수 있는
깃털의 진리
새들은 욕심껏 몸집을 키우고
상처를 입고야 깨닫는 소유의 두려움

공격자만 없다면
머무는 곳곳이 파라다이스
시선 닿는 곳마다 쉼터
낙원의 주인공 바로 너로구나

꿈

길들었나
깜박이는 목적 등
기억 저편 십여 년 시간 차
그리운 편지

비눗방울인 양
둥실 떠다니는 자음 조각
접시 위 매운 음표들
오선지에 옮겨 그릴밖에

따끈한 물 한 컵에
꽃 문자 가득
눈꺼풀 불빛 들오고
통증도 시나브로

무릎 치는 섬광
그런 거군
오늘도 예감 좋은 시작
AI 그렇게 읽었다네요

벼랑 끝에 서서

문득 벼랑 끝에서 섰음을 느낍니다
까마득한 낭떠러지
벼랑 끝에 서서
발아래를 내려 봅니다
떠밀려 왔건
걸어왔건
두려움과 호기심으로 바닥을 내려 봅니다

삶이란 위험을 이겨내는 것
한걸음 물러서면 위험은 멀어지지만
잘못 디디면
사정없는 낙하
내일을 기약할 수 없지요

목적이야 안전한 귀가지만
발길을 끌어당겨 산에 오르게 하는
신선하고 푸르른 신비
습관처럼
늘 새로운 다짐을 하며 갑니다

가슴 치는 후회 대신
호기와 바램
결핍을 애써 채우며
다시 한번 살으리라
힘차게 오릅니다

弔弟文
- 떠나는 셋째 동생 '신현갑' 영전에 -

가느냐
너 작은 별 '현갑'아
어느새 우리 형제 가슴 별이 되었구나

머물지 못하는 그림자
안타까운 숙명
인연의 가벼움이여

너를 생각하고
너를 기억하고
너를 그리는 슬픔

들리는가
섧게 보내는 이별의 진혼곡
처연한 빗소리 대지의 숨소리

끝없는 저 하늘길
뚜벅뚜벅 걸어가는 시린 발자욱
아프게 퍼지는구나

사랑하고 미안하다 동생(현갑)아
가야 할 길이라면
네 쓰리고 아픈 기억 모두 잊고 떠나거라

슬프도록 아름다운 저 별
영원히 빛나 서로를 잊지 않도록
어버이시여 고이 받아 품어 주소서

물안개

투명한 빛
없는 듯 촉촉이 아른거리는
어디든 닿으면
조용히 스며들고

풍요의 오색 비구름
가물거리며
누가 볼라 귀 기울이는 반듯한 못줄
서리서리 바람 춤

새벽마다
연민으로 속눈썹 적시는
물비늘
바다를 이룬다

물안개 속마음
소낙비 아닐까
바람아 불어와 다오
꽃비라도 쏟아지게

| 작품 해설 |

수용자적 입장에서 읽은 신현자 시에서 받은 감동이 크다

문학박사 김 영 훈
작가·국제펜한국본부대전시위원회장

1. 들어가며

 신현자 시인이 제3 시집 『바람 속에서』를 상재한다. 우선 진심으로 축하한다. 제2 시집 『꽃잎이 진다고』 이후 5년 만이다. 신 시인은 책머리 글 「시인의 辨」에서 이번 시집 발간에 대해 스스로 밝히고 있다. '부끄럽게도 두 번째 시집이 발간된 지 5년이 넘은 것 같다. 그 사이 작품 활동을 멈춘 것도 아닌데 참으로 복잡한 많은 일들이 핑계인 양 자신에게 집중되어 일어나 작품을 묶어낼 심신의 여유를 갖지 못했다. 이제는 계획했던 오랜 숙원인 학업도 마무리했고, 나머지 삶을 어떤 모습으로 무엇을 하며 살아야 하는가 하는 고심과 방황이 제일 크다. 방황의 가닥이 대강 잡혀가고 심리적으로도 안정돼 가는 듯해 이제야 미뤄둔 작품들을 묶어 제3 시집을 펴내게 되었다.'고 말하고 있는 것이다.

신현자 시인의 서문을 읽으며 필자는 그동안 발표한 시들을 5년이나 묵히면서 숙성시키고 있다가 한데 묶어 이제야 세상 독자들에게 내놓게 된 이유를 알게 된다. 인간의 삶이란 원래가 한 치 앞도 내다볼 수 없는 데다가 예기치 않은 일들이 돌발적으로 일어날 수 있지만, 그보다 필자는, 정작 시집 발간이 늦은 이유를 좀 더 자세히 알게 되었다. 석사 학위를 마치고 난 후에 더 공부하며 깊은 학문의 세계를 열어가기 위해 박사 과정을 거치면서 마침내 학위를 획득한 경위를 알게 된 것이다. 학문 탐구에 몰두했던 신 시인의 삶의 족적에 필자는 더욱 깊은 관심을 갖게 될 수밖에 없었다.

그중에서도 신 시인이 1952년 부여(석성)에서 태어나 명문인 공주사대부고를 졸업하고 나서부터 그 이후 학업의 길이 녹록하지 않음을 알게 되었다. 고교 졸업 후에 대학에서는 보육과에 적을 두었고, 유아교육을 전공하면서 학업을 마친 후에는 유치원에서 교육사업을 하게 된 그녀다. 현직에 있는 동안에는 방송대학교에 다니기도 한다. 그 후에도 만학의 꿈을 멈추지 않고 석사과정과 박사과정을 거치게 되는데 그의 향학열은 끝없이 진행되어 왔음을 인식할 수 있었다. 그뿐이 아니다. 평생 학업의 길을 걸으면서도 문학 작품 창작으로 자기를 실현하고자 했던 신 시인은 2009년, 조금은 늦은 나이에 《한울문학》을 통해 등단, 그 후부터는 열정적으로 시인의 길을 걷는다. 시 창작 작업에만 머물지 않고 자신의 시 세계를 널리 알리는 첫 시집 『당신은 누구신가요』, 두 번째 시집 『꽃잎이 진다고』를 펴내면서 문명文名을 떨치게도 된다.

그러나 필자는 신현자 시인과 깊은 인연을 맺지는 못하고 살아왔다. 나이도 다섯 해를 앞섰고, 게다가 삶의 흔적이 많이 달라서 같은 공주 지역에서 학창 시절을 보내는 동안에도 인연을 맺을 수 없었다. 또 꽤 긴 세월을 대전이라는 한 공간에서 문학 활동을 하면서도 같은 창작 마당에서 긴밀하게 삶을 공유하지 못한 채 살아왔다. 장르도 달랐고, 문학단체가 서로 같지 않아 가깝게 인연을 맺지는 못한 것이다.

그러다가 어느 날부터인가 필자가 심부름을 하고 있는 국제펜한국본부대전시위원회 소속 회원으로 활동하고 있다는 걸 알게 되었고, 시 창작과 함께 문학을 학문적으로 연구하기 위한 박사학위를 하느라 바쁘게 살아가는 여류 시인이라는 걸 인식하게 된다. 그러다가 다시 신현자 시인의 시 작품을, 편집 교정하는 책임자로서 정독하게 되면서부터 깊은 관심을 갖게 되었다.

원래 작가는 작품으로서 말한다. 시인이나 작가는 스스로 쓴 작품을 통해 이 세상에 몸체를 드러내며 존재감을 떨치게 마련이다. 사람들은 살아가는 동안 대화나 연설, 토론 등 언어생활을 하는 동안 화자의 말을 듣는 청자로서 또 언어를 구사하는 화자로서 서로 대면하면서 의사소통을 반복하게 되지만, 글은 그 글을 쓴 작가와 글을 읽는 독자가 시공時空을 거의 같이하지 않고, 오로지 작품이라는 텍스트를 통해 의사소통을 한다. 그것도 머리보다 가슴의 울림이 강조된다. 그렇게 작가가 쓴 작품은 생명력을 가지고는 공급자인 작가 없이도 독자적으로 생존하는 힘이 있다. 신현자 시인과 필자도 그러한 만남으로 우선 인연을 맺게 된 것이다.

2. 문학 작품의 수용자적 입장에서 신현자의 시 바라보기

문인들은 익히 잘 알고 있지만, 문학 작품을 창작하는 작업은 지난(至難)하다. 물론 신현자 시인이 쓰고 있는 시문학 작품도 한 작가의 어렵고도 고독한 작업에 의해 완성된다. 필자는, 이 시들을 읽으면서 그녀 역시 이와 같이 어려운 작업을 통해 창작되고 있다는 걸 이내 감지할 수 있었다. 그녀의 시를 정독하면서 창작의 무게를 즉감할 수도 있었다는 말이다. 이를 다른 쪽으로 설명하면, 보통 지식·정보를 전하는 언어나, 설득하는 언어활동이 기존언어 차원에서 일상적인 데 비해 문학은 창의적인 언어로서 가슴을 울리게 해야 하는 작업이라는 점이 바로 드러난다. 창작 과정을 거쳐야 하기 때문에 시를 비롯한 모든 문학작품 쓰기가 만만치 않다는 말이 된다.

바꾸어 말하면 여타의 언어활동은 머리를 일깨우는 지적(知的)인 작업인 데 비해 문학 작품 쓰기는 가슴을 적시게 하며 감동을 자아내게 하는 창의적인 작업이다. 그런 면에서 앞으로 필자는, 신 시인이 시 창작 정신을 구현해 나가는 과정에 초점을 맞추어 이해할 수밖에 없다. 필자는 한 편, 한 편 그녀의 시를 읽는 동안 독자로서 감동을 받은 바 있지만, 처음엔 긴장이 되었다가 마지막에는 가슴이 뭉클해졌다. 시적 감동의 나락으로 빠져들 수밖에 없었기 때문이었다.

필자는 산문을 쓰면서 문학창작으로 자기를 실현하고 있는 사람으로서 그녀의 시집에 수록될 시편들을 읽는 특별한 경험을 하고 있는 중이다. 그래서 한편으로는 객관성을 잃고 주관으로 흐를까 봐 걱정이 되기도 한다. 하지만 그녀가 임의적이고 평상적인 언어로만 안일하게 시를 창작하지 않고 있는 시인임을 바로 알 수 있었다. 그녀는 다년간의 시 창작 경험과 문학적인 감성으로 서정을 펼쳐나가는 방법을 터득하고 있는 시인이었다. 자신의 창의성에 기대고 있었고, 시가 갖는 특징인, 시적 은유나 이미지 처리 등에 원숙한 면을 보여주고 있었다. 그러면서 그 어려운 시 창작 작업을 수행해 낼 수 있었다고 본다.

먼저 필자는, 신 시인이 자신의 생활 경험을 통해 소재를 선택하고 있다는 점을 발견했다. 그녀는 그때그때 경험 속에서 우러나오는 생각과 느낌을 주제로 설정한 후에 엄선된 시어로서 이미지를 형상화했고, 리듬감을 살려 한 편의 시를 완성하고 있었다. 게다가 창의적 표현을 하기 위한 시어를 어렵게 선택해 내고 있었다. 자기만의 표현 기법을 바탕으로 해 마침내 탄탄한 시 창작을 해내는 작업을 하고 있음을 발견한 것이다. 이런 과정을 거쳐 작품성을 확실히 높여 가고 있다는 걸 인식할 수 있어 반가웠다.

게다가 그녀는 이런 어려운 작업을 통해 창작되는 과정을 거쳐야 비로소 문학 작품이 탄생한다는 걸 확실하게 알고 있는 시인이었다. 시 창작의 바탕이 분명할 뿐만 아니라 기교까지도 갖추고 있다는 말로 대체할 수도 있겠다. 이를 일찍이 감지한 신 시인은 시편마다 상상력과 이미지를 동원해 시를 조직하되, 시 속에 화자를 분명히 내세워 메세지를 전달하는 과정을 취하고 있었는데, 즉시적으로 하지 않고 매우 의도적이고 비유적인 과정을 거치고 있음도 인지할 수 있었다.

그런 과정을 거친 탓에 그녀의 시가 탄탄했고 돋보이기는 했지만, 다른 한편으로는 독자에게 조금은 낯설게 느껴질 수도 있다는 우려를 낳기도 했다. 그만큼 창의적이라는 평가를 받을 수 있다고 본다. 그녀는 익숙한 언어로서 소통되는 지적 활동에 마음을 쓰지 않고 자신이 만든 창의적인 시어로서 시를 쓰고 있었는데 제1 시집, 제2 시집에 비해 제3 시집은 독자의 가슴을 울리는 가작을 만들어내는 데 최선을 다하고 있는 태도로서 점점 진화된 시를 써내고 있음도 알게 되었다.

앞 장에서 잠깐 언급했지만 시 등 문학 작품은 일상적인 대화처럼 화자와 청자가 시공을 함께할 수 없는 제한점을 가진다. 창작할 때까지 그 작품은 작가의 것이지만 일단 창작되어 활자화되면 그때부터 문학 작품은 독자적인 생명력을 가지고 시공간을 넘나든다. 바꾸어 말하면 그때부터 작품은 창작자인 시인의 품을 떠나 텍스트로만 존재한다. 이런 지적은 시가 작가와 독자가 대면하면서 시공간을 함께 할 수 없다는 말로 환치된다. 즉 시는 시공간을 뛰어넘어 공감대를 넓히게 마련이다.

독자들은 이렇게 시공을 뛰어넘는 작품에 환호하면서 그 작품들을 통해 진한 감동을 받기 마련이다, 그런 까닭에 문학 작품은 더 창의적이어야 하고 조직력을 요구되는 이유를 갖게 된다. 서사나 서정, 극이나 교술(수필)에서도 마찬가지이다. 특히 시는 이미지가 강조되고 운율을 높이면서 시어의 선택도 심사숙고해야 한다. 삶의 풋대가 되어주는 의미를 생성하고 이를 다시 화자를 설정해 메세지를 분명하게 전달해야 하기 때문에 더욱 마음을 써야 한다.

신현자 시인은 그러한 시 문학 작품의 특성을 나름대로 이해하고 있는 듯했다. 이 점에 유의하며 그녀는 정제된 시를 썼고, 또한 그녀의 시를 평하는 필자는 독자의 입장에서 그 시 작품을 수용적으로 대할 수 있었다. 결론적으로 그녀 시들은, 읽을수록 창작 작업에 부단한 노력을 보여준 경향이 뚜렷해 필자는 이들 시작품에 갈채를 보내고 싶다. 그런 마음으로 제3 시집『바람 속에서』에 수록되는 시작품 70편을 일반 독자보다 한발 앞서 읽고 있는 것이다.

그중에 방향성이 뚜렷한 시 몇 편을 다시 정독하면서 분석적으로 감상하면서 공감대를 넓혀 나가는 작업을 하고자 한다. 이미 이들 시 중의 시 「바람은 불어도」, 「피노키오와 생각이 모자」 등 여러 편이 〈서정적 시 세계의 확장과 심화〉라는 학위 논문에서 다뤄지면서 나름으로는 시적 이론 즉, 학문과 연결도 되고 있었지만, 지금부터 좀 더 구체적으로 탐색하고자 한다.

3. 신현자 시인의 시를 탐구적으로 감상하다

필자는, 이제부터 신현자의 시를 수용자적인 입장에서 독자와 함께 그녀의 작품을 감상하기로 한다. 앞에서 신 시인은 '계획했던 오랜 학업도 마무리했고 나머지 삶을 어떤 모습으로 무엇을 하며 살아야 하는가 하는 고심과 방황이 제일 크다. 이제 방황의 가닥이 대강 잡혀가고 심리적으로도 안정돼 가는 듯해 이제야 미뤄둔 작품들을 묶어 제3 시집을 펴내게 되었다.'고 천명한 바 있지만, 필자의 눈으로는 신 시인이 제1 시집 『당신은 누구신가요』와 제2 시집 『꽃잎이 진다고』에서도 그랬듯이 그동안 심혼을 불태우면서 더욱 숙성시켜 온 시편들을 독자에게 내놓고 있었다. 그중에 우선 그녀의 시 한 편을 들여다보기로 한다. 바로 「꿈꾸는 나비」이다

바람 부는 날
하늘엔 구름 보석 수놓이고
노란 배추꽃에 앉은 나비 한 마리

떨어지는 빗방울에 화들짝

옮겨 앉은

상상 속 돛단배

저 넓은 하늘 날 수 있을까

'날개만 접지 않으면요' 은밀히 고백하는 바람

들어도 모호한 뱃길을 묻는다

빛의 상상

둥실 뜬 황금 꽃가루

평행저울 꽃가마

좌표 따라

너울너울 화려한 비상

위태로운 모험

　　　　　- 시 「꿈꾸는 나비」 전문

　앞에 내놓은 시 「꿈꾸는 나비」는 시집 『바람 속에서』의 제1부에 수록된 시 작품 중에 표제작으로 삼으면서 그녀가 내놓은 작품이다. 서정성이 강하여, 이 시 한 편을 한마디로 평한다면 메세지를 담는 주제 탐색에 앞서 자기 사념의 세계를 붓으로 옮겨 그려놓은 한 폭의 수채화를 감상하는 느낌이 든다. 여기에는 이 시 말고도 순수한 시심으로 인간의 삶을 조명하고, 자연을 노래하는 시들이 더 많이 있었는데 그 속에 깔려 있는 서정성은 신 시인에게 매우 중요한 의미를 갖는다. 좀 더 분석적으로 들여다보자. '바람 부는 날/ 하늘엔 구름 보석 수놓이고/ 노란 배추꽃에 앉은 나비 한 마리' 여기까지가 이 시의 첫 연이다. 그대로 한 폭의 수채화일 수밖에 없다. 독자가 이 시를 읽노라면 스스로 시인이 그려놓은 수채화의 한가운데 그 심연 속으로 푹 빠져들 수밖에 없게 된다.

둘째 연은 더욱 장면이 구체화된다. '떨어지는 빗방울에 화들짝/ 옮겨 앉은/ 상상 속 돛단배' 역시 수채화 한 폭이다. 그러나 이 장면은 그대로 수채화로 머물지만은 않는다. 제2연을 읽노라면 독자는 시인이 꿈꾸는 세계로 인도된다. 배추밭에 앉은 나비는 이내 돛단배가 된다. 시인의 상상력은 단순해 보이지만 발상이 확장된다. 즉 시인은 사물을 사물로만 보지 않는다. 시적 상상력이 무한대로 확장되면서 시적 이미지가 강화된다. 리듬감도 강하다. 그래서 상상 속의 날개는 돛단배가 된다. 하지만 이미 시인의 마음은 상상 속에 있는 돛단배만은 아니다. 실제 상황에서 푸른 하늘을 날고 있는 나비 한 마리가 된다. 나비는 그냥 온전히 푸른 하늘을 헤쳐 가는 실체가 되어 독자를 끌어당긴다. 따라서 독자는 그녀가 묘사해 나가는 작품의 내면으로 빠져들 수밖에 없다.

그녀는 다시 노래한다. '저 넓은 하늘 날 수 있을까/ 날개만 접지 않으면요' 은밀히 고백하는 바람/ 들어도 모호한 뱃길을 묻는다' 그 작은 나비 한 마리가 하늘을 향해 비상하는 모습을 바라보며 나비와 바람 간의 소통을 이야기한다. 대단한 비약이다.

여기서 시인의 상상력은 머물지 않고 다시 독자를 무한대로 이끌고 간다는 것이 중요하다. '빛의 상상/ 둥실 뜬 황금 꽃가루/ 평행저울 꽃가마/ 좌표 따라/ 너울너울 화려한 비상/ 위태로운 모험' 시인은, 이 「꿈꾸는 나비」 마지막 연에서 빛의 상상을 말하기도 하고 둥실 뜬 황금 꽃가루를 바라보며 평행저울 꽃가

마로 명명하기도 한다. 그러나 시인은 마지막 연에서 상상력만 확대하지는 않는다. 좌표 따라 너울너울 화려한 비상인데도 시인은 그 모습을 바라보며 위태로운 모험을 하는 것이 시인의 마음이다. 나비 한 마리에 대한 비상을 바라보면서도 혹시 '위험한 비상'은 아닐까 하는 애정을 표하며 시 작품을 끝내는 시인의 마음은 그저 아름다울 수밖에 없다.

  신 시인은 푸른 하늘을 향해 비상하는 나비 한 마리를 바라보면서도 이렇게 엄청난 상상력을 가진다. 그러나 그 상상력은 그대로 상상력에 그치지 않고 혹시 나비가 위험한 비상을 하는 것은 아닌가 하는 깊은 애정을 표시한다. 이무롭게 바라볼 수도 있는 자연 현상에 대해서도 이렇게 따뜻한 마음으로 시선을 던져줄 수 있는 이가 바로 시인의 눈이 아닌가 한다.

  같은 맥락에서 이 시집 맨 앞에 수록되어 있는 시「민들레」한 편을 더 감상한다. 시집을 펴 들고 첫 장을 열 때, 마주하는 시는 그야말로 시인이 가장 아끼는 작품이라고 보아도 좋다. 우리가 글을 읽을 때 첫 문장은 그 글의 방향성을 알릴 수 있을 만큼 중요한 의미를 갖기 마련이기 때문이다. 경우에 따라서는 글의 성격을 규정할 만큼 중차대하다. 이 작품「민들레」를 분석적으로 감상해 본다.

    쏟아지는 햇살
    금잔디 사이사이 번지는 연초록 물감
    겨우내 엎드려
    바람 소리에 귀 기울이던 민들레

    감은 눈 살짝 뜨고는

'아이 눈부셔'
파릇한 이파리 손 두 눈 가리고
활짝 웃는 샛노란 민들레

바람 따라 깊어진 봄
가지마다 고운 염원 맺힌
파릇한 새잎
어느새 자라나 온 들이 연둣빛 풍요

활짝 터진 꽃봉오리
노니는 새들
아, 꽃 향 맞으며
봄 마중 갈까나

— 시 「민들레」 전문

　위에 인용한 시에서 '쏟아지는 햇살/ 금잔디 사이사이 번지는 연초록 물감/ 겨우내 엎드려/ 바람 소리에 귀 기울이던 민들레' 여기까지가 시 「민들레」 첫 연인데 첫 연치고는 비교적 평이하다. 게다가 봄의 전령사 노릇을 하고 있는 식물이 민들레라는 것은 누구나 다 알고 있다. 그런데 왜 굳이 민들레를 화자로 만들어 독자에게 다가가는 걸까?
　둘째 연으로 들어가 보자. '감은 눈 살짝 뜨고는/ '아이 눈부셔'/ 파릇한 이파리 손 두 눈 가리고/ 활짝 웃는 샛노란 민들레' 독자는 여기까지 읽으면 시인이 민들레를 의식하고 쓴 시지만 대상은 독자라는 걸 단박에 눈치를 챈다. 이 시를 읽는 민들레가 봄을 기다리는 게 아니고 독자가 봄을 간절히 기다린다는 것이다. 시인은 민들레를 화자로 내세우고 있지만 실은 독자와 동일시하고 있으면서 주제를 전하는 것이다.

따라서 독자는 어느새 '바람 따라 깊어진 봄을 맞이하기 위해 가지마다 고운 염원 맺힌 파릇한 새잎이 되어 어느새 자라나 온 들의 연둣빛 풍요' 속으로 달려가게 된다. 역시 봄을 기다리는 건 민들레가 아니고 바로 독자이다. 시인 자신일 수도 있다. 민들레가 노랗게 피어 있는 상황은 그대로 봄이고 그 봄 속에 독자는 취하게 되는 것이다.

그러니까 독자가 이 시를 다 읽을 즈음엔 그들은 자기도 모르는 사이에 '활짝 핀 꽃봉오리 속에 노니는 새가 되어 그 꽃향기를 맞으러 봄 마중을 가고 싶어 한다.' 그녀는 봄을 맞으며 피어나는 민들레 한 송이도 놓치지 않고 그 속에서 독자와 공감대를 세우면서 일체화하고 있다. 그런 면에서 보면, 앞에서 감상한 시「꿈꾸는 나비」와 맥을 같이 하면서도 서정성도 놓치지 않고 있다. 결코 난해하지 않고 오히려 따뜻한 정감을 불러일으키는 시 작품이, 독자의 영혼 속으로 파고들게 한다. 언어의 연금술을 발휘하고 있는 것이다. 그런 점에서 이 작품은 평이한 작품으로 여겨지지만, 독자를 끌어당길 수 있게 하는 가작이다. 이렇게 따뜻해진 마음으로 독자와 함께 다시 신 시인이 이끄는 대로 이번에는 제2장 안에 담겨 있는 시편으로 들어가 시를 읽어보자. 시「에덴의 창」이다.

    평생을 캐내 파편만 남은 심장
    그 뜨겁던 지성 다 어디로 갔는지
    이 봄 고요의 늪에 앉아
    가만히 시작 노트 펼친다

울창한 문장 밀림

말(言)들이 키운 전설 속 에덴엔

두견새 뻐꾸기 울음

아직도 은은한데

그 소리 그리워 가끔가끔 떠올리던

시퍼런 존재감

질긴 연잎

에덴은 또 얼마나 더 가야 하는지

주인공은 언제나 타인

길 잃은 철새

변함없는 연출

대본에 왜 나는 없을까

— 시 「에덴의 창」 부분

앞에 인용한 시 「에덴의 창」은 앞에서 논의한 시 작품과는 많이 다르다. 시인은 앞의 시 「꿈꾸는 나비」와 「민들레」에서 수채화를 그리며 독자를 환상 속으로 아니, 서정의 세계로 분명하게 이끌었다면, 이 시 「에덴의 창」에서는 그 결을 달리하고 있다. 앞에서 신 시인은 독자를 자기 작품을 통해 서정의 세계로 이끌고 있었다. 그러나 여기서는 독자에게 그녀만의 강력한 화두를 던진다. 박사 학위 논문의 주제를 「서정적 시 세계의 확장과 심화」로 정하고 서정을 추구하던 그녀였었는데 변이를 보이고 있다. 지금까지 추구하던 서정의 변환이라 할 수 있다. 그녀가 독자에게 이 시 「에덴의 창」을 통해서는 어떤 사유를 하게 하는지

직접 그 속으로 더 깊이 들어가 보자.

'평생을 캐내 파편만 남은 심장/ 그 뜨겁던 지성 다 어디로 갔는지/ 이 봄 고요의 늪에 앉아/ 가만히 시작 노트 펼친다' 시「에덴의 창」은 첫 연 첫 행부터 예사롭지 않다. 시인은 독자의 가슴 속으로 사정없이 파고든다. 심장 속에 파편만 남았다고 고백한다. 젊은 날의 뜨겁던 지성은 다 어디로 가고 고요의 늪에 앉아 있다고도 고백한다. 필자는 독자와 함께 이 신 시인의 고백을 인식하면서 긴장할 수밖에 없다. 그러면서 시작 노트를 펴 들고 사색하는 시인의 모습을 유추할 수밖에 없다. 독자들은 시를 열정만 가지고 쓸 수 있는 작업이 아니라는 걸 잘 알고 있다. 필자의 생각으로도 시는 깊은 사색이다. 강한 메세지를 담은 언어의 조립이다. 그것도 가슴 깊은 심연 속에서 꺼내 드는 사념의 세계를 펼쳐내는 작업이다.

그런데 여기 이 시「에덴의 창」에서 신 시인이 작품을 통해 찾고 있는 것은 '나'다. 바로 나를 찾고 있다. 시인은 물론 독자들 역시도 내 안에서 나를 찾는 일은 매우 중요하다. 그런데도 '주인공은 언제나 타인/ 길 잃은 철새/ 변함없는 연출/ 대본에 왜 나는 없을까'라고 읊는 걸 보면 역시 나는 길 잃은 철새일 수도 있고 대본에 없는 주인공일 수밖에 없다는 말에 동의하게 된다. 그 사색은 시인만의 사색이기 때문이다. 아니다. 이 시를 읽고 있는 독자도 다 동감을 하는 사색이다. 그래서 시인은 독자와 함께 울창한 문장의 밀림 속에서 말들이 키운 전설 속의 에덴동산을 헤매면서 아직도 은은한 두견새와 뻐꾸기 울음소리를 찾고 있을 뿐인지도 모른다.

그러면서도 주인공은 언제나 타인이며 길 잃은 철새라고 말하면서 대본 속에는 자기가 없다고 고백을 한다. 나를 찾다가 결국에는 나를 상실할 수밖에 없는 현대사회에서 인간들의 영원한 숙제라는 화두를 던지고 있는 것이다. 그러면서도 존재를 상실한 시인의 가슴팍으로 시퍼런 존재감을 드러내고 싶어 한다. 강력한 메세지를 던지고 있는데도 인간의 삶 자체가 그렇듯이 그 어디에도 에덴은 없고, 그녀 역시도 '길 잃은 나를, 길 잃은 철새'일 뿐이라고 읊고 있다. 그 사색은 인간이라면 누구나가 떨쳐버릴 수 없는 존재에 대한 고뇌다. 그래서 이 시에서도 나를 찾는 화두로 삼고 있는 것이 아닌가 한다.

그런데 시인은 자신의 시 속에서만 이러한 화두를 던지고 있는 걸까? 그렇지도 않다. 이번에 독자에게 내놓는 그녀의 시집 『바람 속에서』의 제2부에 수록되어 있는 시편에서 쉽게 답을 찾을 수도 있다. 바로 시 「목련」이다. 필자는 앞에서 신현자의 시가 난해하지 않다고 지적한 바 있다.

      기억 저편의
      흘러간 기억들이 돌아와 입을 연다
      별들이 쏟아낸 흰 꽃가루
      교정 가득하던 벚꽃 은하수
      꽃잎 흩날리는 교정엔
      하얀 열망 출렁이고

      교정 밖 울타리
      가지마다 송이송이 맺힌 꽃봉오리
      잠들었는가
      하얗게 반짝이며 용솟음치던 에너지

하늘 가득 울려 퍼지는 별들의 함성
　　아득히 그리운 눈망울이여
　　　　- 시「목련」전문

　위의 시「목련」은 독자에게 아주 쉽게 읽힌다. 난해하지 않아 시 읽기에 전혀 부담이 없다. 시인은 쉬운 시어로 이미지를 포착하고 있고 리듬감을 살려 독자들이 즐겨 읽을 수 있게 하는 표현 기법으로 독자가 용이하게 다가들 수 있도록 배려하고 있다. 고등학교 시절 교정에 묻힌 추억이 떠오를 법한 시다. 다시 그녀는 서정으로 돌아온 것이다. 이런 류의 시는 독자들이 즐겨 읽고 또 읽으며 공감대를 확산시킬 수 있어 독자 모두에게 공유될 수밖에 없다.

　신 시인은 자기가 지은 시가 누구에게나 편하게 마음속에 꽂혀 읽히고, 다시 읽히면서 마침내 국민 시로서 회자되기를 원한다. 시인이라면 그런 애창 시를 갖고 싶어 한다. 신현자 시인도 마찬가지로 독자들이 꿈 많던 그 고교 시절을 회상하며 시「목련」을 간직해 주기를 바라는 마음이 간절할 수밖에 없을 것이다. 시인이라면 누구라도 이렇게 쉽게 받아들여 읽히는 시를 갖는 게 로망이기 때문이다.

　전 국민에게 애송되는 시 한 편을 갖지 못한 채 생을 마감한다면서 자신의 시에 대한 아쉬움을 간직한 채 세상을 하직하는 시인이 있다고 가정한다면, 그 시인은 결국 일생 동안 난해한 자기 시를 붙들고 있는 데서 오는 시행착오라고 보면 된다. 그런 눈으로 보면 신 시인의 시는 그래서 더욱 쉽게 읽힐 수 있는 서정성이 있어 고맙기만 하다.

　읽으면 바로 멜로디가 되고 읽으면 바로 리듬을 타는 시는,

결국 그 시를 지은 시인을 행복하게 할 수 있게 하고, 독자에게는 즐거움을 줄 수 있다. 그런 쪽에 잣대를 두고 이 시 「목련」을 다시 읽어본다. 필자도 이 시를 읽으면서 더 많은 독자가 꿈 많던 학창 시절을 불러일으키는 정겨운 시가 되어 더 널리 회자될 수 있기를 바란다. 그런 마음으로 이번에는 다음 시 「3월의 눈(眼)」을 읽어보기로 한다. 이 시가 주는 감흥도 그럴 수 있을까?

>아득히 펼쳐진 모래밭, 안개 바람
>화들짝 밀려드는 파도
>휩쓸리는 조약돌
>어쩔 수 없는 자전과 공전
>뒹굴다 파묻히고
>
>구사일생 살아나 별이 된 돌
>파도 대신 들풀의 소리 반주로 하프를 켠다
>홍경래, 길동, 봉준, 활빈당 수많은 순교자
>힘없는 사람들
>그 영웅들 다 어디 계실까
>
>소망 불 밝혀 든 연등
>경건한 우러름
>지루한 화두 공허한 설전
>유사 이래 행운은 강자들의 석좌 물림 아니든가
>간택되려면 반짝여야지
>
>　　　　　- 시 「3월의 눈(眼)」 부분

그런데 위 시 「3월의 눈(眼)」은 앞서 읽은 시 「목련」과는 다시 또 전혀 결이 다르다. 시 내용이 용이하지도 않고 만만하지도 않다. 소재도 다르다. 신현자 시인, 그녀는 지금 '아득히 펼쳐진 모래밭, 안개 바람을 맞으며 화들짝 밀려드는 파도에 휩쓸리는 조약돌이 되어 어쩔 수 없는 자전과 공전 속에 뒹굴다 파묻히고 있다.' 바로 그런 현장에 서 있다. 그녀는 지금 머리로는 3월을 생각하고 있고, 눈으로는 파도에 휩쓸리는 조약돌을 바라보고 있는데 사념의 세계는 그게 아니다. 순탄하지 않은 현실이다. 그녀의 의식은 지금 지구의 자전과 공전까지를 유추하고 있을 정도이다. 그러기에 시인인 그녀가 바라보는 파도나 조약돌은 그리고 자전과 공전은 여기서 시인이 들어내려는 주제어가 아니다. 주제를 표출하기 위해 내세운 화자일 뿐이다.

이런 느낌이나 감상은 설령 작가인 시인과 독자인 필자가 서로 합일되지 않아도 좋다. 독자가 의도한 주제가 독자에게 더 크게 확장되어 다가갈 수도 있기 때문이다. 느낌은 크면 클수록 좋다. 바로 그 점이 신현자의 시를 수용하는 입장에서 한 독자로서의 필자의 느낌이요, 해석이다. 그건 시인과 독자가 합일이 될 수도 있고 이반될 수도 있지만, 필자 생각으로는 첫 연과 둘째 연은 강렬하게 연계되고 있다고 해석한다.

시인은 정작 홍경래, 홍길동, 전봉준, 활빈당 그리고 수많은 순교자에다가 나아가서 힘없는 사람들까지 떠올리는 데 열중하고 있다. 파도에 휩쓸리는 조약돌만 보고 있는 것이 아니다. 그녀는 농민 항쟁, 서얼의 차별과 신분 상승, 동학혁명까지를 이 시 「3월의 눈(眼)」에 담고 싶어 한다. 그러면서도 지금 그 영웅들은 어디에 가 있는 걸까를 생각한다. 현세에서도 나타날 수 있는 의식 있는 엘리트나, 대중을 선도할 지도자를 생각하며 이 시를 써 독자에게 제공하고 있을 수도 있다는 말이다.
 그렇게 보면 이 시 「3월의 눈(眼)」은 앞에서 이미 감상한 시 「꿈꾸는 나비」, 「민들레」, 「목련」 등과는 느낌이 전혀 다르다. 그뿐만이 아니다. 이 시집에 담겨 있으면서 서정성을 추구하고 있던 다른 시편들과도 다르다. 소재 선택부터가 다르고, 추구하고 있는 메세지도 다르다. 나를 찾던 시 「에덴의 창」과도 다르다고 할 수 있다. 이렇게 이 시 「3월의 눈(眼)」은 앞에 인용했던 시 작품들과 다른 면모를 보이고 있는 것이다. 외연이 확장된다는 말이다. 서정성만 생각하고 시를 쓰는 시인이 아니라는 해석이 가능해진다. 그만큼 그녀의 시 세계는 넓어지고 있다는 것이다.
 물론 3월은 우리에게 새봄을 맞는 희망을 주는 계절이고, 만물이 소생하는 계절이기는 하다. 그러나 다른 한편으로는 우리에게 역시 3월은 아주 다른 의미로 다가들고 있다. 민족을 생각하게 하고 겨레를 떠올리게도 하며 이 세상을 바꾸게 하는 혁명을 떠올릴 수도 있다. 그래서 신현자 시인은 선열을, 영웅을 떠올리고 있는지도 모른다.
 그만큼 신현자의 시가 추구하고 확장하는 세계는 소재나 주제의 다양성부터 시작된다. 그동안 그녀의 시작(詩作) 경향은 시가 갖는 본질인 서정성을 추구하고 있었지만, 이 세상을 바꿀 수 있는 영웅이 시에 등장할 수도 있다. 또한 국가관의 확장에 따라서는 그에 적합한 사유의 세계 속에서 또 다른 사유를 통해 역사의식을 제고할 수 있는 시를 창작할 수도 있다고 본다.
 그런 마음으로 이번에는 시집 중에 인용한 다음 시를 다시 감상해 본다. 이번에는 어떻게 독자에게 다가들 건가를 생각하면서 읽으면 독자는 가슴에 울렁중이 생길 만도 하다. 그중의 하나가 바로 제4부에 수록된 시 「시간의 늪」이다.

보이는 게 다가 아닌
거울 속 환상
생각대로 마음이 따라가는
요지경 시간
품어 누리다 물리는
과거와 미래

감당할 수 있건 없건
펼치는 삶의 병풍엔
결핍과 잉여의 꽃다발
섭리로 풀어가는
선한 화가의 따듯한 풍경화

누가 의인인지
천사는 하늘에만 계시는지
기억 속 흰 날개 천사였다면
그날이 봄날인 것을

- 시 「시간의 늪」 전문

 위에 인용한 시 작품 「시간의 늪」도 어떤 풍경을 그린 수채화는 아니다. 서정성이 강한 단순, 소박한 삶이나 아름다움을 묘사하고 있지도 않다. 주제가 강해 독자에 던지는, 내밀한 화살촉이 엿보인다. '보이는 게 다가 아닌/ 거울 속 환상/ 생각대로 마음이 따라가는/ 요지경 시간'이라는 첫 부분은 그래도 독자에게 순기능적으로 용납이 된다고 하자. 그러나 '품어 누리다 물리는/ 과거와 미래'로 가면 많이 긴장하게 된다. 그만큼 시인이 어떤 메세지를 던질지가 궁금해진다는 말이 된다.

그 궁금증을 신 시인은 이렇게 풀어낸다. '감당할 수 있건 없건/ 펼치는 삶의 병풍엔/ 결핍과 잉여의 꽃다발/ 섭리로 풀어가는/ 선한 화가의 따뜻한 풍경화'라고 노래하면서 품어 누리다가 물리는 과거와 현재의 융합을 꽃다발로 받아낸다. 뿐만 아니라 품어 안을 수 있는 따뜻함과 여유로운 마음으로 한 폭의 풍경화로 녹여내는 언어의 연금술을 발휘하고 있다.

'누가 의인인지/ 천사는 하늘에만 계시는지/ 기억 속 흰 날개 천사였다면/ 그날이 봄날인 것을' 하고 이 시로 끝나는 마지막 연을 읽다 보면 이 시가 추구하는 바가 어디에 있음을 알 수 있다. 물론 이 시를 감상하는 수용자 입장에서 조금씩은 다른 감동이고 수용할 수 있는 메세지는 다르다. 하지만, 시인이 의도하는 시 세계 속으로 흡입되면서 작품을 향유할 수는 있다. 그런데도 그 감동이 앞에서 독자들이 읽었던 「꿈꾸는 나비」와 「민들레」에서처럼 시인이 추구하면서 그려냈던 수채화 속으로 **빠져들지는 않는다**.

이어서 제3부에 들어있는 시 「불꽃」 읽어본다. 이 작품에서는 신 작가가 어떤 사유를 담고 있는지 궁금하다. '불꽃'이란 제목부터가 예사롭지 않다. 그녀의 시 세계가 추구하는 확장성을 생각하며 이 시를 정독할 필요가 있다.

> 노래하는 사람은 절대 외롭지 않다고
> 무대가 말한다
> 그런데 왜 눈물이 흐를까
> 슬퍼하는 넌 분명 거울

펄펄 눈이라도 내리면
　　눈물도 감춰지려나
　　절묘한 거울 속 날개
　　더욱 사랑스러워

　　너무나 오래 잊고 있던
　　기억 속 푸른 시절
　　은은한 달빛 노래
　　웃고 있어도 눈물이 난다

　　외로움이 삶을 흔들고
　　절절한 소외감 가슴을 후벼도
　　한바탕 시 울음 펑펑 쏟고 나면
　　나는 또다시 바람 속 전설이 되느니
　　　　　- 시 「불꽃」 전문

　위에 인용한 신현자 시인이 쓴 시 「불꽃」을 살펴보면 이 작품은 공들여 쓴 시임을 바로 직감할 수 있다. 그녀를 익히 서정시인으로만 알고 있는 독자라면 말이다. 이 작품은 자연을 읊거나 인생을 직접은 노래하지 않고 있다. 이미 앞에서 그녀가 쓴 나를 찾는 시 「에덴의 창」쯤을 연상하게 된다. 조금은 추구하는 바가 다르지만, 이 시를 통해서도 그녀의 시 세계가 변모하고 있음을 알 수 있다.

　'노래하는 사람은 절대 외롭지 않다고/ 무대가 말한다/ 그런데 왜 눈물이 흐를까/ 슬퍼하는 넌 분명 거울' 여기까지가 첫 연이다. 무대 위에서 노래하는 이는 화려하다. 열광하는 팬이 있다. 외로울 수가 없다. 그런데 눈물이 난다. 거울에 비춰지는 나는 슬프다. 왜일까? 환호하는 관객이 나를 부양시켜 줄 수 있는데…. 그러나 여기서 시인이 꾸며 놓은 무대는 반드시 장치가 연극 무대가 아니다. 삶의 현장일 수도 있고 인생에 대한 사념, 그 자체일 수도 있다. 삶이란 화려한 것 같아도 그늘이 있고 고뇌가 있기 마련이다.

'펄펄 눈이라도 내리면/ 눈물도 감춰지려나/ 절묘한 거울 속 날개/ 더욱 사랑스러워'라고 읊는데 시인은 그래서 눈물이 나는 나를 감추기 위해 눈이 내려주기를 바란다고 해석할 수도 있다. 물론 수용적인 입장에서 바라본 세계지만 말이다. 나를 반추해 주는 거울 속 날개로 훨훨 날 수 있는 세상을 갈구할 수도 있다는 말이다. 그러면서 나는 다시 나를 찾는다. '너무나 오래 잊고 있던/ 기억 속 푸른 시절/ 은은한 달빛 노래/ 웃고 있어도 눈물이 난다' 화자는 오래 아주 오랫동안 잊고 있었던 기억 속의 푸른 기억을 찾고 있을 수도 있다. 그런데 아직도 눈물이 나는 까닭은 왜지? 시인은 그 이유를 마지막 연에서 제시하고 있다.

'외로움이 삶을 흔들고/ 절절한 소외감 가슴을 후벼도/ 한바탕 시 울음 펑펑 쏟고 나면/ 나는 또다시 바람 속 전설이 되느니' 하고 읽다 보면 화려한 무대가 아니다. 여기 무대는 독자에게 메세지를 전하기 위한 시로 '울음' 울 수 있는 시 울음이다. 누구나 인생은 화려한 것 같은 삶 속에서도 외로워하며 흔들리고 있을 뿐이다. 그뿐만이 아니다. 절절한 소외감에 가슴을 후벼내고 사는 게 인생일 뿐이다. 그래서 한바탕 웃음으로 자신을 카타르시스하고 나면 나는 또다시 바람 속의 전설로 남아 우뚝 설 수가 있다. 아픈 삶은 살면서 이 시를 읽고 있는 독자들을 치유시키고 있는 것이 아닐까? 메세지가 확실한 가작이다.

이어서 마지막으로 한 편의 시를 읽어본다. 이 시는 제4부의 말미에 수록된 시 「벼랑 끝에서」다. 읽어갈수록 신 시인의 시가 던져주는 메세지는 확대되고 있다. 여기서도 독자에게 던져주는 화두가 무엇일까를 생각해야 한다. 좀 더 기대하며 시를 읽을 필요가 있다.

> 문득 벼랑 끝에서 섰음을 느낍니다
> 까마득한 낭떠러지
> 벼랑 끝에 서서
> 발아래를 내려 봅니다
> 떠밀려 왔건
> 걸어왔건
> 두려움과 호기심으로 바닥을 내려 봅니다
>
> 삶이란 위험을 이겨내는 것
> 한걸음 물러서면 위험은 멀어지지만
> 잘못 디디면
> 사정없는 낙하
> 내일을 기약할 수 없지요
>
> 목적이야 안전한 귀가지만
> 발길을 끌어당겨 산에 오르게 하는
> 신선하고 푸르른 신비
> 습관처럼
> 늘 새로운 다짐을 하며 갑니다
>   - 시 「벼랑 끝에 서서」 부분

필자는 독자로서 위 인용한 작품인 이 시를 읽으며 신 시인이 실제로 등산을 한 후에 시를 쓴 듯한 느낌을 받는다. 정상 어디쯤의 벼랑 위에서 겪을 수 있는 위기를 얼른 떠올린다. 그러나 꼭 등산이 아니라도 좋다. 인간이면 누구나 살아가면서 때로는 벼랑에 선 느낌을 받을 수도 있고 그보다도 더 강한 위기에 처할 수도 있다.

'문득 벼랑 끝에서 섰음을 느낍니다/ 까마득한 낭떠러지/ 벼랑 끝에 서서/ 발아래를 내려 봅니다/ 떠밀려 왔건/ 걸어왔건/ 두려움과 호기심으로 바닥을 내려 봅니다' 그런데 독자는 이 시의 첫 연 시작에서 아주 예사로움을 느낄 수밖에 없다. 지인에게 이야기하듯이 담담하게 펼쳐나가는 시를 읽으면 마음이 편해진다. 기대한 것과는 달리 의외로운 전개이다. 어미 처리도 경어체라 더 마음이 푸근해진다. 하지만 신 시인은 그냥 예사롭게 시를 끝낼 거라고 믿는 독자는 없을 것이다. 그녀는 역시 둘째 연에서 화두를 던진다.

'삶이란 위험을 이겨내는 것/ 한걸음 물러서면 위험은 멀어지지만/ 잘못 디디면/ 사정없는 낙하/ 내일을 기약할 수 없지요' 여기까지 읽으면 단순한 등산 이야기가 아니라는 걸 알 수 있다. 따라서 설명이 필요 없다. 난해하지도 않아 바로 주제를 받아들일 수 있다. 물러서면 덜 위험하다는 것이다. 시인은 뒤로 물러나도 사정없이 낙하한다고 말한다. 약간의 혼돈이 온다. 그런 상태로 마지막 연으로 가보자. '목적이야 안전한 귀가지만/ 발길을 끌어당겨 산에 오르게 하는/ 신선하고 푸르른 신비/ 습관처럼/ 늘 새로운 다짐을 하며 갑니다' 시인은 다시 등산 이야기로 되돌아간다. 안전한 귀가, 그건 등산객의 소망이지만 여기서는 인간인 독자가 그 위기의 순간에도 그때마다 새로운 다짐을 하고 다시 묵묵히 걸어갈 거라는 메세지를 분명하게 던지며 작품을 마무리한다. 서정성을 강조하지 않고, 주제가 화살촉처럼 뾰족하지 않은데도 이 시에서 그녀가 제시하는 메세지는 아주 강하다.

이렇게 신 시인은 제3 시집 『바람 속에서』 독자의 마음을 헤집으며 때로는 서정성으로 독자를 감동시키고, 때로는 주제가 강한 화두를 던지면서 독자의 가슴속으로 파고드는 시를 창작하고 있다. 이 시 「벼랑 끝에서」처럼 독자에게 이야기하듯이 다가오지만 그때마다 주제를 놓치지 않고 확실히 하고 있다는 말이다.

이런 변모는 신현자 시인의 시 세계가 진화되면서 점점 확장된다고 보면 된다. 시인의 시가 이렇게 여물어가고 있다는 것은 참으로 고마운 일이다. 그녀가 박사학위 논문을 쓰고 학위를 받으면서 이론이 탄탄해진 상태에서 쓰는 시가 초기 시보다 진화하면서 조금씩 변화하고 있다고 보아야 한다. 서정성에만 머물지 않고 시의 세계가 다른 쪽으로도 원숙해지고 있음을 보여주고 있으니 그저 흐뭇할 따름이다. 시를 쓰고 주제를 표출하는 시 세계의 변모만큼이나 그녀의 시가 더욱 아름다워지고 작품성도 단단해져 더 많은 독자에게 회자되기를 바랄 뿐이다.

이 밖에도 필자는 신 시인의 시를 읽고 싶어 하는 독자들과 함께 더 깊이 그 작품 속으로 들어가 시를 감상하면서 시향에 취하고 싶은 마음이 간절하다. 시집 『바람 속에서』에는 독자를 감동시킬 시들이 많이 수록되어 있기 때문에 나가기가 아쉽다.

이 순간에도 마냥 그 시들 속으로 들어가 머물고 싶다. 그중에서도 온종일 새들의 마음을 함께 나누고 싶다는 자연 친화적인 시 「무소유」를 즐기고도 싶고, 신 시인과 함께 「카메라」를 들고 세상을 바라보는 사유와 삶의 세계에 흡입되는 동행자가 되어 사진을 찍고도 싶으며 신현자 시인과 함께 부활하는 「그날」 속으로 잠입하고도 싶다.

  그뿐만이 아니다. '세상이 있고 생명이 있는 이유/ 양지와 음지/ 유연함과 강직함이 있는 이유/ 경쟁에 이기고 싶은 이유/ 서로의 무리에 껴야 하는 이유/ 중심에 서고 싶고 인정받고 싶은 이유/ 미움과 용서 연민이 있는 이유/ 환상과 설렘이 필요한 이유/ 멋진 풍경과 꽃을 좋아하는 이유/ 사랑하고 사랑받고 싶은 이유/ 웃음과 눈물 미소가 있는 이유/ 세상의 빛과 어둠/ 선과 악이 존재하는 이유/ 아침과 저녁이 있고 침묵과 소란함이 있는 이유/ 나고 죽고 병들며 우열이 있는 이유'를 신 시인과 함께 「알고 싶어요」하며 외치고도 싶다.

  그러나 지면 관계로 더 이상 신 시인의 시 세계 속에 들어가 안주할 수가 없다. 그래서 그녀가 집을 짓고 창조해 놓은 시 세계, 우주보다도 더 넓고 광활한 세계, 때로는 깊은 시 작품의 골짜기를 타고 흐르는 물속에 들어가 마음껏 유영을 하고 싶지만, 이제는 그 속에서의 잠영을 마치고 바깥세상으로 나오려고 한다. 아쉽기만 하다.

4. 글 밖으로 나가면서

  필자는 지금까지 서정성 짙은 신현자의 시집 『바람 속에서』를 정독하면서 그녀의 시 세계를 살펴보았다. 그러나 지금 필자는 총 4부에 걸쳐 수록된 총 70편의 주옥과 같은 시 한 편, 한 편을 떠올리며 아쉬운 마음으로 떠나지 못하고 다시 눈길을 주고 있는 중이다.

주로 서정을 읊으며 인생을 노래하고, 삶을 응축시켜 놓은 그 시 속에 아직까지도 파묻혀 감동의 세계로 몰입하고 있는 중이다. 뿐만 아니라 점점 진화되고 있는 신 시인의 시 세계 속에 들어가 시가 주는 의미를 탐구하고 싶어 하고 있는 중이다. 아직도 필자는 수용자적 입장에서 읽은 신현자 시에서 받은 감동 속에서 서성거린다.

시인 한 사람의 시 세계는 우주의 크기와 견줄 수가 있다. 그만큼 시인이 담아내는 사유가 크기 때문이다. 그런 신 시인의 시 세계를 바라보는 안목이 부족한 필자는 그것도 제한된 지면 속에서 다 섭렵할 수는 없었다. 그녀는 등단 15년 차를 맞으며 그동안 경향 각지에서 발간되는 지면을 통해 시를 발표해 온 중견 시인이다. 게다가 「서정적 시 세계의 확장과 심화」라는 주제로 박사학위를 취득해 시의 이론을 다지고 있는 시인으로서 창작의 실제뿐만 아니라 시의 이론을 축적시키고 있는 무게 있는 시인이다.

이번에 발간되는 제3 시집 『바람 속에서』를 상재하기 직전에 시집을 일반 독자보다 한발 앞서 읽으라는 청탁을 받으며 책임감이 어깨 위에 얹어졌었다. 시가 아닌 산문을 쓰는 사람이 쓴 평을 읽어보고 싶다는 청이 무게를 더했다. 시를 수용할 수 있는 수용력의 가름대가 될 일이지만 수락하고 시를 읽었는데 이내 감동의 늪에 빠질 수밖에 없었다. 그래서 지금은 신 시인이 자기 시를 읽게 해준 청을 용납하고 있는 중이다.

이제 글쓰기를 마치고 나가려고 한다. 마지막 말을 전해야 하는 순간이다. 시를 포함함 모든 문학창작은 위대하다. 인간이 신의 영역인 창조까지를 범할 수는 없지만 예술이라는 이름으로 창작할 수 있는 여지를 그분은 우리에게 부여했다. 그래서 문학 예술인에 의해 창작된 작품들은 일류가 이 땅에 머물기 시작하면서 영혼의 양식이 되어왔으며, 정신적 풍요를 누리게 해주었다. 인류 문화를 이끌어오게 해주는 원동력이 되기도 했다. 그래서 인생은 짧고 예술은 길다고 말하는지도 모른다.

이 위대한 작가의 반열에 선 이가 신현자 시인이다. 그녀에게 당부한다. 지금까지도 그래왔던 것처럼 앞으로 더 좋은 시, 더 좋은 작품을 쓰는 시인이 되어 영원할 수 있기를 바란다. 앞으로 더욱 정진하기를 바라며 붓을 내려놓는다.

바람 속에서
신현자 제3시집

발 행 일 | 2024년 12월 12일
지 은 이 | 신현자
발 행 인 | 李憲錫
발 행 처 | 오늘의문학사
출판등록 | 제55호(1993년 6월 23일)
주   소 | 대전광역시 동구 대전로 867번길 52(삼성동 한밭오피스텔 401호)
전화번호 | (042)624-2980
팩시밀리 | (042)628-2983
카   페 | http://cafe.daum.net/gljang(문학사랑 글짱들)
인터넷신문 | www.k-artnews.kr(한국예술뉴스)
전자우편 | hs2980@daum.net
계좌번호 | 농협 405-02-100848(이헌석 오늘의문학사)

공 급 처 | 한국출판협동조합
주문전화 | (02)716-5616
팩시밀리 | (02)716-2999

ISBN 979-11-6493-356-3
값 12,000원

ⓒ신현자 2024

* 이 책의 판권은 저작권자와 오늘의문학사에 있습니다.
* 이 책은 E-Book(전자책)으로 제작되어 ㈜교보문고에서 판매합니다.
* 잘못 만들어진 책은 구입하신 서점에서 교환해 드립니다.